TORSTEN GAITZSCH

Unbekannte Inselschätze

44 erstaunliche Robinsonaden mitten in Deutschland, Österreich und der Schweiz

MERIAN

INHALTSVERZEICHNIS

Inseln schreiben oftmals ihr ganz eigen Geschichte. Durch Wasser vom Land getrennt, abgeschieden vom Lauf der Welt, ticken hier seit jeher die Uhren anders und noch heute lässt sich auf diesen Eilanden in die Wirren und Kapriolen der Geschichte eintauchen.

Zeit- reisende

Mäuseturminsel 10 – 13

Niederwerth 14 – 17

Falkenau 18 – 21

Maulbeerinsel 22 – 25

Schütt 26 – 29

Namenlose Insel im Inn 30 – 33

Mausinsel/Wörth 34 – 37

Reichenau 38 – 41

Île de Peilz 42 – 45

Dominsel 46 – 49

INHALTSVERZEICHNIS

Binnen-forscherinnen

Olsborg 52 - 55

Kaltehofe 56 - 59

Saterland 60 - 63

Lankenauer Weserinsel 64 - 67

Görmitz 68 - 71

Hanfwerder 72 - 75

Namenlose Insel im Amtssee 76 - 79

Rabeninsel 80 - 83

Namenlose Insel im Senftenberger See 84 - 87

Nixeninsel 88 - 91

Elbinsel Pillnitz 92 - 95

Sassau 96 - 99

Nicht nur für historisch Interessierte spielen sich auf den Inseln ganz eigene Geschichten ab, auch öko-, sozio- und geologisch gibt es jede Menge zu entdecken. Zeit für die Binnenforscherinnen.

Inseln, die in ganz besonderer Weise sich von allen anderen hier versammelten Inseln abheben, haben in gewisser Weise eine Inselbegabung - mal kurios, mal überraschen, mal schauerlich.

Inselbegabungen

Krautsand 102 - 105
Langlütjen II 106 - 109
Weserdeicher Sände 110 - 113
Leineinsel Döhren 114 - 117
Scharfenberg 118 - 121
Gerichtsinsel 122 - 125
Namenlose Inseln im Jacobiweiher 126 - 129
Namenlose Insel in der Mosel 130 - 133
Kanzem 134 - 137
Maximiliansinsel 138 - 141
Pernerinsel 142 - 145

INHALTSVERZEICHNIS

Eskapisten

Steinkopfinsel 148 - 151

Tanzwerder 152 - 155

Neckarinsel 156 - 159

Schwedeninsel 160 - 163

164 - 167 Krautinsel

Namenlose Insel im Schrecksee 168 - 171

Namenlose Insel im Attersee 172 - 175

Faaker-See-Insel 176 - 179

St. Peterinsel 180 - 183

Kleist-Inseli 184 - 187

Isole di Brissago 186 - 189

Inseln sind geradezu prädestiniert für freiwilligen oder unfreiwilligen Rückzug und Kontemplation. Genau richtig für Menschen mit Hang zum Eskapismus.

VORWORT

Inselschätze

»Ob Mai, ob Juli und August
Mainau bedeutet Glück und Lust.
O, sei dir stets beschieden
So lang dein Giebel steht
Der Hauch von Gottes Frieden
Der heute dich umweht.«

SO BEDICHTETE JOSEPH VICTOR VON SCHEFFEL 1875 DIE BLUMENINSEL IM BODENSEE, ...

... die eines der beliebtesten Reiseziele in Deutschland ist. Allerdings spielen in diesem Buch eher die weniger bekannten Binneninseln eine Rolle. Glück und Lust zu jeder Jahreszeit bereiten die vorgestellten Inseln allemal. Je nach Interesse locken kleinere und größere Eilande, mal sandige Werder, mal schroffe Felsen, in Flüssen oder Seen, als Teil von Städten oder Naturschutzgebieten, besiedelt und durch Brücken erschlossen oder einsam, still und verwunschen.

Einige der Inseln – hier im Buch Zeitreisende genannt – faszinieren mit einer spannenden Historie. Wer es also liebt, gedanklich auf Zeitreise zu gehen, begebe sich zum Beispiel mit Englands König Eduard III. und seinem tausendköpfigen Hofstaat nach Niederwerth. Naturliebhaber begeistern sich womöglich eher für die Rabenkolonie in der Saale oder die anderen hier Binnenforscherinnen getauften Inselparadiese. Etwas für neugierige Entdecker sind auch die als Inselbegabungen zusammengefassten Eilande, darunter die Gerichtsinsel in der Wupper. Die oft kuriose Nutzung von Binneninseln kennt keine Grenzen außer die des Ufers. Und schließlich die als Eskapisten beschriebenen, idyllisch anmutenden Refugien, die vielfach kreative Geister inspiriert haben, wie Klimts geliebte Litzlinsel im Attersee, und bis heute ihren besonderen Reiz für Romantiker und Erholungsbedürftige entfalten. So wird jede Leserin und jeder Leser in diesem Buch einen eigenen Inselschatz finden – versprochen!

Das Buch soll selbstverständlich auch all jenen zugänglich sein, die sich in keine Schublade stecken lassen, und darf klassisch von vorn nach hinten durchgeblättert werden. Wer über die Anzahl der Geschichten staunt, dem sei gesagt, dass man die 44 noch weit hätte überbieten können: Der Rückzugsort des Märchenkönigs Ludwig II., die Roseninsel, wäre ebenso einen eigenen Eintrag wert wie das Inselchen im Englischen Garten von München, auf dem ein Teehaus als Zeugnis deutsch-japanischer Freundschaft steht. Herrenchiemsee wiederum hätte es verdient, als Wiege des Grundgesetzes gewürdigt zu werden. Und wie gesagt die Mainau.

Kapitel 1
Zeitreisende

Inseln schreiben oftmals ihre ganz eigene Geschichte. Durch Wasser vom Land getrennt, abgeschieden vom Lauf der Welt, ticken hier seit jeher die Uhren anders, und noch heute lässt sich auf diesen Eilanden in die Wirren und Kapriolen der Geschichte eintauchen.

Zeitreisende

Mäuseschreck unterm Rösselblick

Mäuseturminsel   Rhein   Rheinland-Pfalz
10.000 m²

49° 58' 20,3" N
7° 52' 44,7" O

Die Ufer des Rheins als vielbeworbene Kulisse für die Romantiker unter den Kreuzfahrern.

WER SICH EIN BILD DAVON MACHEN MÖCHTE, ...

... wie die Anfänge des Tourismus in Deutschland ausgesehen haben, besuche den Osteinscher Park bei Rüdesheim am Rhein. Johann Friedrich Karl Maximilian Graf von Ostein, Neffe des Kurfürsten von Mainz und Bischofs von Worms, legte in der zweiten Hälfte des 18. Jahrhunderts einen Park an, der heute auch unter dem Namen Landschaftspark Niederwald zahlreiche Gäste anzieht. Als Herzstück entstand 1764 das Jagdschloss Niederwald. In dessen Grünem Salon sollten sich knapp 200 Jahre später Konrad Adenauer und die Ministerpräsidenten der westdeutschen Länder treffen, um die Grundlagen für eine bundesdeutsche Nachkriegsverfassung zu schaffen.

Der in St. Petersburg geborene Adlige und reiche Erbe ließ im Umkreis des Schlosses »Waldauszierungen« legen, verschrieb sich dabei dem rousseau'schen Naturbegriff (**→ St. Petersinsel**), wollte dem Menschen qua wildromantischem Idyll ein Bild vom idealen Leben vermitteln. Gehölz und Strauchwerk allein, das erkannte der königlich-kaiserliche wirkliche Geheime Rat beizeiten, machen keinen Eindruck, weswegen peu à peu weitere »points of interest« hinzukamen. Fake-Ruine und historisierende Bauwerke wie Eremitage und Rundtempel (Goethe war ein Fan!) ergaben am Ende ein Gesamtkunstwerk, das eine ähnliche Vision

Mäuseturm bei Niedrigwasser. Zwischen furchteinflößenden 8,25 m im Jahr 1883 und mickrigen 0,24 m anno 2018 schwankt der Pegel des Rheins in diesem Abschnitt.

wie im Bergpark Wilhelmshöhe in Kassel erkennen lässt. Ein Highlight für Kinder war und ist die Zauberhöhle, in der heute allerdings leider keine Merlin-Figur mehr sitzt. War es nach dem Tod von Osteins einige Zeit ruhig um die Anlage, entwickelte sich das Areal mit der Errichtung des monumentalen, ja fast größenwahnsinnigen Niederwalddenkmals 1883 wieder zu einem der beliebtesten Ausflugsziele des Oberen Mittelrheintals. Eine Adlerwarte, ein Wildpark, ein Sessellift und manches mehr ergänzen das Kulturdenkmal.

Als Inbegriff der Rheinromantik – heute wie damals, auch wenn es das Wort zu Lebzeiten des Grafen noch nicht gab – ist die schon erwähnte künstliche Ruine, die »Rossel«, zu bezeichnen. Von ihr, wie auch vom unweit gelegenen Aussichtspunkt »Naheblick« aus, tut sich ein fast schon kitschig-pittoreskes Panorama auf: Vater Rhein, die Burgruine Ehrenfels, die Stadt Bingen nebst Binger Loch und der 250 mal 50 Meter großen Binneninsel, die ihren Namen von dem auf ihr stehenden Gebäude hat. Der spätmittelalterliche Mäuseturm entstand nach aktueller Kenntnis Anfang des 14. Jahrhunderts als Zollwachturm. Möglicherweise gab es bereits zu römischer Zeit einen hölzernen Vorläufer. Lange Zeit glaubte man, der Mäuseturm sei von Erzbischof Willigis († 1011), dem Baumeister des Mainzer Doms und der Binger Drususbrücke, errichtet worden und der Name habe sich daraus ergeben, dass der Turm auf Feinde und Schiffe lauere wie die Katze auf eine Maus. Auch einer von Willigis' Vorgängern galt als Erbauer: Hatto II. († 970). Er ist die zentrale Figur einer Sage, die ersponnen wurde, als der ursprüngliche Name des Turms längst verblasst war. Die Mäuse darin haben nämlich mit Nagetieren nichts zu tun, sondern sind eine volksetymologische Ummodelung entweder einer alten Form von »Maut« oder des mittelhochdeutschen Verbs mûsen »lauern, spähen«.

Jedenfalls reimte man sich irgendwann folgende Legende um den Mainzer Erzbischof zusammen: Als das Volk während einer Hungersnot rebellierte, ließ der als grausamer Wucherer geltende Hatto – er hatte sämtliches Getreide rechtzeitig für sich selbst zusammengerafft – mehrere Menschen in eine Scheune sperren und diese anzünden. Das Geschrei der Verbrennenden soll er mit den Worten kommentiert haben: »Hört doch, hört, wie die Kornmäuse pfeifen!« Später traf ihn dann die Rache: Eine Mäuseschar überfiel ihn in seinem Haus, woraufhin er nach Burg Ehrenfels flüchtete, wo aber auch schon Hunderte Mäuse auf ihn warteten. Mit einem Boot setzte er auf die Rheininsel über und verkroch sich im Türmchen. Sein Bett ließ er mit Ketten an der Decke aufhängen, doch es nutzte nichts. Die Killermäuse schwammen durch den Fluss und wuselten in sein Gemach, sprangen ihn an und fraßen ihn mit Haut und Haaren auf.

Auch ohne blutlüsterne Nager ist der Flussabschnitt um die Mäuseturminsel nicht ungefährlich. Das Binger Loch gilt neben der Loreley als kritischste Stelle des Rheins. Noch bis 1974 diente der Turm als Warneinrichtung für den Schiffsverkehr und war mit einem sogenannten Wahrschauer besetzt.

GELEGENTLICH WIRD BEI NIEDRIGWASSER EIN STEINWALL SICHTBAR, …

… unter dem die Versorgungsleitungen liegen und auf dem man die stark bewaldete Insel theoretisch zu Fuß erreichen könnte, wenn es nicht verboten wäre. Aber, nach der Schließung des Turms 2009 wegen Schimmelbefalls und der nötigen Renovierung, finden inzwischen zu ausgewählten Terminen wieder Führungen statt. Das alte Gemäuer wurde mehr als einmal erneuert: Schon im Dreißigjährigen Krieg wurde der Mäuseturm zerstört. Seine jetzige Gestalt mit vier Stockwerken und knapp 25 Metern Höhe erhielt er 1855.

Doch selbst, wenn er noch tausendmal umgebaut oder abgerissen werden sollte – der Geist des alten Hatto wird immer als graue Wolke über der Insel schweben. So will es die Sage.

Zeitreisende

Das gibt's nur einmal

Niederwerth Rhein Rheinland-Pfalz
1.400.000 m²

50° 24' N
7° 37' O

Niederwerther Inselacker: Wer würde hinter der Böschung schon den Rhein vermuten?

IN GERHARD HENSCHELS (GEBOREN 1962) KINDHEITSROMAN ...

... verschlägt es sein Alter Ego Martin Schlosser im Rahmen eines Klassenausflugs auf diese Insel: »Auf Niederwerth gab es nur Äcker. Frau Katzer sagte, dass die Insel für ihren Spargelanbau berühmt sei. Bei mir hatte Spargel die Note 5.« Wer Spargel auch nicht ausstehen kann, kommt vielleicht mit Erdbeeren auf seine Kosten oder anderem, was hier »auf'm Werth« angebaut wird, Beeren, Salat, Gurken, Kartoffeln.

Die Rheininsel dient seit Langem als Obst- und Gemüsegarten für Koblenz. Gemeinsam mit der unbewohnten Nachbarinsel Graswerth bildet sie die Gemeinde Niederwerth, Deutschlands einzige Flussinselgemeinde. Die Leute, die hier leben, heute sind es rund 1350, waren bis 1958 relativ isoliert und konnten ihren Wohnort nur auf dem Wasserweg erreichen. Inzwischen kommen sie über eine Brücke zu Fuß oder motorisiert nach Vallendar. In die Stadt am rechten Rheinufer bringt einen auch die lokale Personenschifffahrtslinie, die das Eiland außerdem mit dem fünf Kilometer entfernten Koblenz verbindet. An zivilisatorischen Annehmlichkeiten mangelt es auf Niederwerth nicht. Es gibt eine Bank, zwei Restaurants, Sport- und Spielplätze. Zu den Einrichtungen der Gemeinde zählen ein Kindergarten und eine Grundschule, eine Feuerwehr und eine Leihbücherei. Und die Bundesanstalt für Gewässerkunde unterhält hier eine Außenstelle.

Der besiedelte Teil der Insel macht dabei geschätzt höchstens ein Siebtel aus. Platz ist also genug, und tatsächlich versammelten sich vor einer dauerhaften Ansiedlung »nor-

Im 15 Jahrhundert machten sich die Augustiner Chorherren aus Zwolle daran, ihre Dependance auf Niederwerth zu errichten.

maler« Bürgerinnen und Bürger immer wieder Gruppen in hoher dreistelliger Zahl auf der Insel. Während des Ersten Koalitionskrieges (1792–1797) schlugen die französischen Truppen hier ein Lager auf, und als Feldmarschall Ferdinand Friedrich August von Württemberg Niederwerth einnahm, sollen sich 800 Franzosen darauf befunden haben.

Noch voller war es aber im Jahr 1338, als der englische König Eduard III. auf Niederwerth Stopp machte. Der damals 26-jährige Enkel des französischen Königs Philipp IV. befand sich auf einer militärisch-diplomatischen Mission durch Europa, deren Ziel es war, seinen Anspruch auf den französischen Thron durchzusetzen, und Koblenz war dabei eine wichtige Station. Als Gast des mit ihm verbündeten Kaisers Ludwig der Bayer schlug Eduard Ende August auf dem Werth auf, mitsamt seinem Hofstaat aus rund 1000 Personen, die sich übrigens nicht durchweg auf die feine englische Art benahmen. Einige Mitglieder des königlichen Gefolges zerstörten Teile der Weingärten – immerhin kam die royale Kasse später für die Schäden auf.

ZU DIESER ZEIT HATTE DER TRIERER ERZBISCHOF …

… mehrere Besitzungen »uff dem werde«, denn als Kammergut des Trierer Erzstiftes hatte Niederwerth bereits eine jahrhundertealte Tradition. Irgendwann im 13. Jahrhundert setzte die Vorgeschichte der heutigen Inselkirche St. Georg ein. Ältere Quellen nennen einen Herrn Wilhelm aus der Trierer Ritterfamilie von Helfenstein, der 1242 ein Kloster auf der Insel gestiftet haben soll. Eine Urkunde von 1256 erwähnt Niederwerth als Standort einer Kapelle des St. Gangolf. Ein anderes Schriftstück von 1275 spricht von Laienschwestern einer Klause des heiligen Georg. Fest steht, dass diese Klausnerinnen spätestens 1429 zwangsumgesiedelt wurden. Ihre Nachfolger, die Augustinerchorherren, errichteten 1474 eine Kirche, die ab 1580 von Zisterzienserinnen aus Koblenz bewohnt und bald darauf von diesen um- und ausgebaut wurde. Spätere Beschädigungen durch Eisgang und Hochwasser machten das Kloster, das die französische Revolutionsarmee 1796 zum Lazarett umfunktioniert hatte, nahezu unbewohnbar. Doch die Stiftskirche blieb als Pfarrkirche erhalten und ist als Wahrzeichen der Insel unbedingt eine Pilgerfahrt wert.

Schon den irischen Chronisten und Sachbuchautor James Roderick O'Flanagan führte seine Reise 1836 auf diese »pretty isle«. Das rege Interesse hatte zuletzt aber auch negative Auswirkungen: Die Besuchenden hinterließen vor allem an den Sandstränden so viel Müll, dass ein Teil der Insel gesperrt werden musste, und die Gemeinde setzte vor Kurzem kostenpflichtiges Parken durch. Beinahe einen verkappten Segen stellte da das Sommerhochwasser 2021 dar, sorgte es doch dafür, dass die Insulaner eine Weile ihre Ruhe vor den Touristenmassen hatten. Landwirtschaftbetreibende dagegen haben in der Regel zu leiden, wenn der Rhein über die Ufer tritt. Sie beklagen immer wieder, dass aggressiv wuchernde Pflanzenarten wie Brombeere oder Gemeine Waldrebe auf die Insel gespült werden und die ursprünglichen Obstbaumkulturen regelrecht ersticken.

»Mitten in dem Rheinesstrome liegt die Insel Niederwerth« nun einmal, so hebt schließlich das undatierte »Insellied« an. Und weiter:

»Hier zu leben und zu wohnen wird von vielen sehr begehrt. Wo du gerne Gast, wo du Freunde hast, wo du fröhlich bist beim Wein, wo der Spargel sprießt, schöne Mädchen siehst, Niederwerth kann es nur sein.«

Ob das Gegenstück zu Niederwerth südlich des Deutschen Ecks neidisch ist? Möglicherweise, denn erstens ist Oberwerth lediglich ein Stadtteil von Koblenz und zweitens seit Mitte des 20. Jahrhunderts nur noch eine Halbinsel. Doch die Geschichte Oberwerths ist vergleichbar bewegt: Klosterstandort der Benediktinerinnen, Belagerung durch die Franzosen, Überschwemmungen, Nutzung als Gartenland … Nach dem Zweiten Weltkrieg wurde gut die Hälfte des Rheinarms, der die Insel vom Festland abtrennte, mit dem Schutt zerstörter Häuser aufgefüllt.

Zeitreisende

Die Wacht im Rhein

Falkenau   Rhein   Kaub   Rheinland-Pfalz
10.000 m²

49° 28' 13" N
6° 22' 8" O

18 - Falkenau

Glockengeläut forderte die Schiffer unmissverständlich zur Entrichtung des fälligen Zolls auf.

WIE DIE »POLARSTERN« LIEGT DIE BURG PFALZGRAFENSTEIN IM WASSER, ...

... bereit, Tod und Teufel abzuwehren. Oder, um es mit den Worten Victor Hugos zu sagen: »Ein steinernes Schiff, ewig auf dem Rheine schwimmend«. Tatsächlich wurde das Bauwerk Anfang des 17. Jahrhunderts entgegen der Fließrichtung des Rheins mit einer Bastion verstärkt, an deren Spitze sich hohe Wellen und in harten Wintern Eismassen brechen sollen. Dieser Anbau mit seinem farblich hervorgehobenem »Bug« komplettierte den Eindruck eines Schiffes. Ersetzt man die Burg auf Wilhelm Camphausens Gemälde von Blüchers Rheinübergang gedanklich durch ein Schiff, sieht es denn auch wirklich so aus, als würde eine nicht abreißende Kette entschlossener Seeleute an Bord gehen.

Eher wuchtiger Eisbrecher als schnittige Jacht. Die Burg Pfalzgrafenstein trotzt seit Jahrhunderten den Wassern des Rheins.

Die Rheinüberquerung von Feldmarschall »Vorwärts« Blücher Anfang 1814 stellte einen bedeutenden Durchbruch in den Befreiungskriegen dar und ist engstens mit der Stadthistorie von Kaub verbunden. Rund 50.000 Mann führte der Preuße via einer provisorischen, von russischen Pionieren gelegten Pontonbrücke über die Felsinsel vom rechten auf das linke Ufer.

Dreieinhalb Jahre später war der Sieger der Völkerschlacht von Leipzig erneut am Rhein: in Gestalt eines dem Feldmarschall zu Ehren »Blücher« getauften Hundes, von dem wir noch heute wissen, wie er aussah. Festgehalten hat das Tier der englische Maler William Turner in einer Bleistiftzeichnung, so wie er auch die übrige Umgebung, beispielsweise den **Mäuseturm** (S. 10) bei Bingen, skizzierte, bevor er die Motive, zurück in seinem Londoner Atelier, als

Aquarelle ausarbeitete. Auf diese Weise ist auch sein Porträt von Pfalzgrafenstein entstanden. Das, was wir auf dem Werk »Pfalz Caub and Gutenfels« sehen, ist eine Gesamtkomposition aus mehreren Einzelansichten: Die Inselburg hat Turner von einem Schiff aus skizziert. Burg Gutenfels rechts oben hat er ganz woanders eingefangen. Demzufolge lässt sich das auf dem Gemälde Abgebildete nicht 1:1 in die Wirklichkeit übertragen und auch kein Original-Spot finden, um den Blick des Künstlers einzunehmen. Einen ungefähren, quasi symbolischen Malort gibt es dann aber doch: in einer kleinen Ausbuchtung des Rheinradweges auf der Höhe des Bahnhofs Kaub. Die Station ist eine von 26 auf der 2017 ins Leben gerufenen Turner-Route, mittels derer man die 200 Jahre zurückliegende Rheinreise des Malers nachvollziehen kann. Der Zweckverband Welterbe Oberes Mittelrheintal hat einige der Stationen mit bronzenen Bodenplatten von einem Meter Durchmesser markiert, auf denen QR-Codes zu weiteren Informationen führen und eingelassene Fußspuren auf die Blickrichtung des Künstlers verweisen. Die Installation »Pfalz bei Kaub« Obere war zum Redaktionsschluss dieses Buches noch in Planung (www.turner-route.de).

Das obere Mittelrheintal hat dem »Meister des Lichts« viel zu verdanken, denn erst durch dessen präimpressionistische Bilder wurde die Region bei seinen Landsleuten zum deutschen Sehnsuchts- und Urlaubsort schlechthin. Die wichtigsten geografischen Eigennamen hatte er sich übrigens in Gesprächen mit Einheimischen »draufgeschafft« und in phonematischer Schreibweise notiert (z.B. »Laureligh«).

UND DIE FRANZOSEN? DIE WERDEN VON DEM INSELKASTELL EBENFALLS ANGETAN GEWESEN SEIN, ...

... zumindest war Pfalzgrafenstein eine der wenigen Burgen, die Napoleon intakt gelassen hatte, wobei ihm vermutlich mehr daran gelegen haben mag, sie als Zollburg zu nutzen – was er auch tat, bevor er sich 1813 zurückzog. Genau darin bestand schließlich die ursprüngliche Funktion der Burg. Ludwig IV. setzte zu seiner Zeit als Pfalzgraf Anfang des 14. Jahrhunderts einen Turm auf die Insel bei Kaub – den heute noch erhaltenen Bergfried, der später als Gefängnis genutzt wurde –, um von jedem vorbeikommenden Güterschiff mit nachdrücklichem Glockenschlag Rheinzoll zu kassieren. Das anfangs genannte »Schiff« und allerlei andere Ergänzungen entstanden über die Jahrhunderte hinweg. Bemerkenswert ist der Brunnen, der durch Fels und Flussboden getrieben wurde, sodass man aus ihm kein Rhein-, sondern Grundwasser fördert, eine Technik, die übrigens auch in der nahen Burg Gutenfels angewandt wurde. Im Gegensatz zu Letzterer, die seit 2006 in Privatbesitz ist, kann Pfalzgrafenstein besichtigt werden, ein kleines Schiff fährt die Insel an. Staunen kann man über den großzügig wirkenden Innenhof oder das Kämmerlein, in dem einer Legende zufolge alle Pfalzgräfinnen gemäß einem Gesetz Konrads des Staufers ihren Nachwuchs zur Welt bringen mussten. Der Rest der Insel hingegen ist keine Beachtung wert.

DER NAME DER EIGENTLICHEN INSEL, FALKENAU, ...

... ist höchstwahrscheinlich ahistorisch, lediglich Gutenfels wurde in einigen wenigen Urkunden so genannt, wahrscheinlichere geläufige Inselnamen waren wohl Helbingswerth und Pfalzgrafenwerth. Die Burg jedenfalls, auf der sich im Dreißigjährigen Krieg zwischenzeitlich die Spanier niedergelassen hatten, blieb bis 1866 eine Zollfeste. Die folgenden 100 Jahre diente sie dann als Signalstation.

Kaub, das bis 1933 »Caub« geschrieben wurde, ist die kleinste Stadt von Rheinland-Pfalz und überhaupt die siebtkleinste deutsche Stadt. Liebhabern der Rheinromantik ist sie nicht nur dank Turner, Hugo und Blücher ein Begriff.

In der Kauber Weinlage Blüchertal gedeiht schmackhafter Riesling.

Zeitreisende

Maman »Hausers« Raupenfutter

Maulbeerinsel | Unterer Neckar | Mannheim, Baden-Württemberg
106.000 m²

49° 29' 10" N
8° 30' 8" O

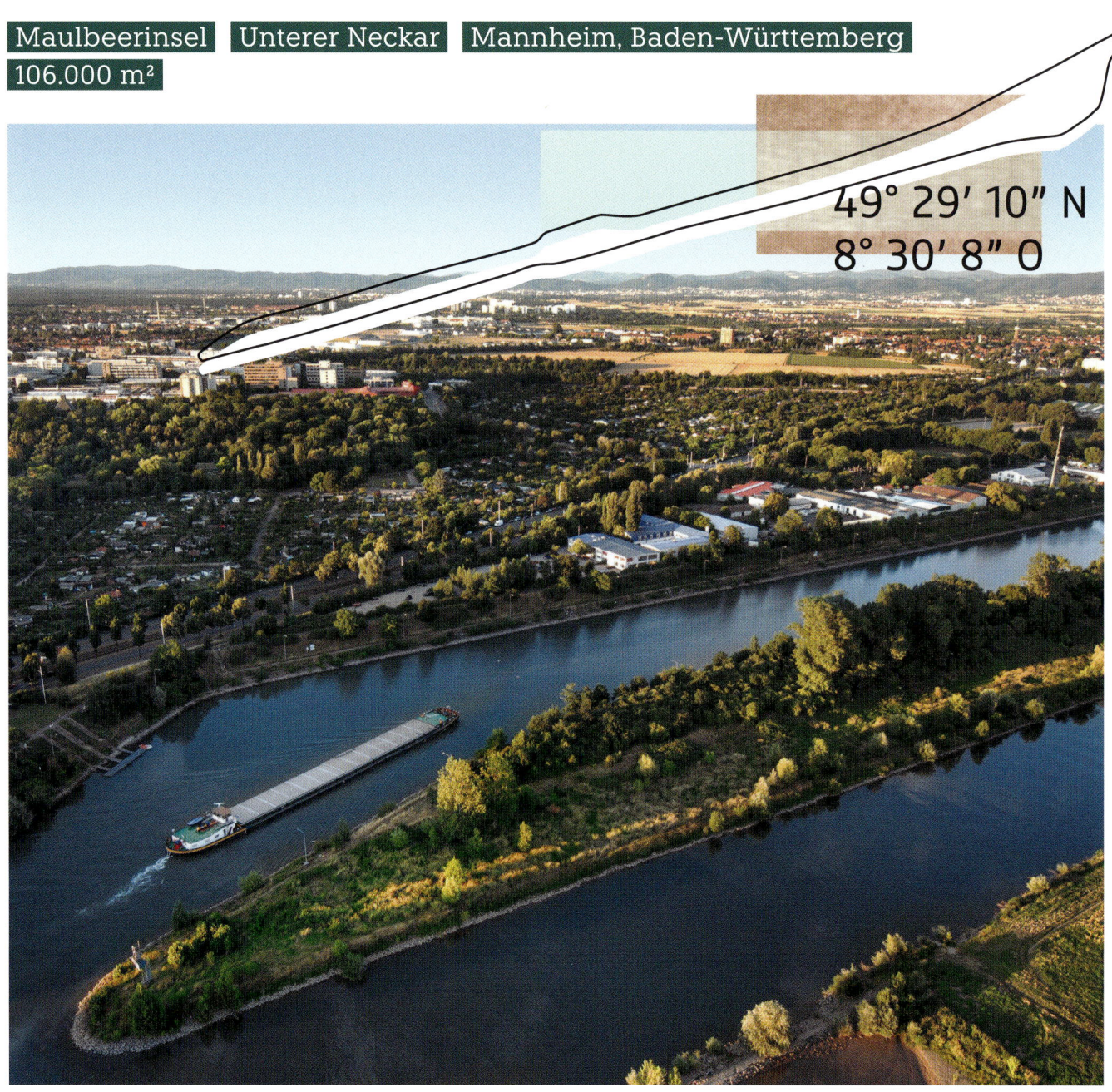

22 – Maulbeerinsel

Morus alba sieht schön aus, schmeckt auch gut, nur sind sie so empfindlich, dass sie sich nicht gut für den Handel eigenen.

DIE CHINESISCHE REDEWENDUNG ...

... »Die Maulbeerplantage hat sich in ein blaues Meer verwandelt« wird benutzt, wenn sich eine Sache so stark verändert hat, dass man sie kaum wiedererkennt. Stéphanie Louise Adrienne de Beauharnais, die 1860 verstorbene Großherzogin von Baden, würde diese Worte womöglich nicht mal im übertragenen Sinne wählen, wenn sie heute auf ihre botanische Hinterlassenschaft blickte: Zwar kein Ozean, aber immerhin ein Neckarkanal schneidet seit circa 1930 das Maulbeerwäldchen, das die Herzogin vor mehr als 200 Jahren anlegte, in zwei Teile. Den größeren von beiden bildet die relativ junge Feudenheimer Insel. Am Nordufer des Neckarkanals, in den Mannheimer Stadtteilen Feudenheim und Neckarstadt, befindet sich der Rest der altehrwürdigen Bestände. Rund 60 Exemplare von Morus alba stehen heute auf der Feudenheimer Insel, die fast jeder nur als Maulbeerinsel kennt – dabei umfasst »Maulbeerinsel« streng genommen nur jenes 10,3 Hektar große Areal auf der Feudenheimer Insel, das seit 1986 unter Naturschutz steht, nachdem vier Jahre vorher 29 Exemplare des namengebenden Nutzgewächses zu Naturdenkmälern erklärt worden waren. Die meisten der auf der Insel stehenden 60 Bäume verdanken ihre Existenz der Großherzogin Stéphanie. Aber wieso »die meisten«?

Im Juni 1806 kam die 16-jährige Stéphanie Napoléon, wie sie sich seit ihrer Adoption durch Napoleon kurz zuvor nennen durfte, von Paris nach Deutschland und bezog, frisch vermählt (unter kaiserlichem Druck) mit Karl Ludwig Friedrich von Baden, das kurfürstliche Schloss in Mannheim. Das Paar zeugte fünf Kinder, wobei das zweite bereits nach wenigen Tagen verstarb. Lange hielt sich das Gerücht, dieser Sohn sei in Wahrheit nach der Geburt ausgetauscht worden und später in Nürnberg als Kaspar Hauser wieder aufgetaucht. Der Hofdame und

Kürfürstliche Landschaftsbauambitionen haben der Insel ihr Gesicht gegeben - und die Begradigung des Neckars.

Schriftstellerin Laure-Adelaide Abrantès zufolge konnte es in Sachen Schönheit, Anmut und Benehmen keine mit Stéphanie aufnehmen. Vor allem aber machte sie mit ihren vielfältigen Interessen von sich reden. Sie engagierte sich sowohl in Mannheim als auch in Karlsruhe, wo sie zeitweise aufgrund von Regierungsverpflichtungen ihres wenig geliebten Gatten residierte, politisch, sozial, kulturell und religiös. Sie rief 1814 zur Bildung eines Frauenvereins auf, veranstaltete Lesungen, sie stärkte den Katholizismus in ganz Baden, sie übernahm die Ausstattung des Musikzimmers im Mannheimer Schloss im Empirestil, legte einen Englischen Garten an, kaufte den heutigen Queen-Auguste-Victoria-Park bei Freiburg, und überhaupt war ein grüner Daumen ihr eigen. Als Stephanie (eingedeutscht ohne Accent) sich 1819 als Witwe dauerhaft in Mannheim niederließ, begann sie mit der Kultivierung des Maulbeerbaums – korrekter: setzte sie fort.

Bereits 1771 hatte Stephanies prominentester Vormieter, Kurfürst Karl Theodor von der Pfalz, Maulbeerbäume an dieser Stelle des Neckars pflanzen lassen. Der Pfalzgraf, unter dem Mannheim seine »goldene Ära« erlebte, wollte damit die Seidenproduktion vorantreiben. Die Larve des Seidenspinners ernährt sich ausschließlich von Blättern des Maulbeerbaums, weswegen man das Insekt auch Maulbeerspinner nennt. Ohne Maulbeerbäume also keine Seide, das wusste man in China seit Tausenden von Jahren. Ähnliche Bemühungen hatte es bereits in Preußen gegeben, jedoch ohne nachhaltigen Erfolg. Mit der Großherzogin gab es nun einen neuen Anlauf, und es sollte nicht der letzte bleiben. Nazideutschland benötigte Seide nicht mehr für edle Kleidung, sondern als Fallschirmstoff. Neuere Schätzungen gehen von Millionen von Bäumen aus, die im ganzen Land unter Einbeziehung der Landbevölkerung gepflanzt wurden – bis neue Materialien den wahnwitzigen Aufwand obsolet machten.

All diese Projekte haben zwar nicht dazu geführt, dass Deutschland heute als Seidennation Nummer eins dasteht, doch immerhin dazu, dass man in Mannheim einen urwaldähnlichen Rückzugsort mit drei Generationen von Maulbeerbäumen genießen kann. Das langgestreckte Idyll wird mit dem Festland durch die Neckarschleuse verbunden und von der Carlo-Schmid-Brücke überquert, zu Fuß erreicht man sie von Norden kommend über die Brücke Lauffener Straße. Etwas weiter östlich schließt sich der schmale Ausläufer einer weiteren Insel an, die 1920 wie ihre Nachbarin durch die Konstruktion des Neckarkanals entstand: Ilvesheim. Es handelt sich um einen ganzen, rund 9000 Menschen beherbergenden Stadtteil, dessen Geschichte einen eigenen Eintrag wert wäre. Nur ein Funfact: Der 1000-Seelen-Ort Stara Iwiczna in Polen trägt den deutschen Namen Alt-Ilvesheim, den preußische Siedler Anfang des 19. Jahrhunderts höchstwahrscheinlich in Gedenken an Ilvesheim gewählt haben.

AUF DER MAULBEERINSEL GIBT ES BEI EINEM SPAZIERGANG GENUG ZU SEHEN:

Fasane, Störche, Greifvögel und selbstverständlich das historische Baum-Erbe, allerdings in ausgehöhlter Form. Das Grünflächenamt ließ die Maulbeerbäume vor einer Weile ausbrennen, eine Schutzmaßnahme. Was aber, wenn man nun Appetit auf Maulbeeren bekommt? Angesichts des vollmundig-beerig-herben Geschmacks wundert man sich, dass man diese mal roten, mal weißen, mal schwarzen brombeerartigen Früchte nie auf dem Wochenmarkt oder in der Obstabteilung sieht. Der Grund ist ihre Fragilität, beim Transport zermatschen sie. Als Saft ist die Maulbeere aber inzwischen in jedem Reformhaus und getrocknet im Asialaden zu finden.

Indirekt über zwei Ecken ist die Maulbeerinsel übrigens mit einer weiteren Binneninsel verbandelt: Der österreichische Kaiser Joseph II. verpachtete 1785 die Dominikanerinsel im Bodensee dem Bankier Jacques Louis Macaire de L'Or, der darauf recht erfolgreich eine Färberfabrik aufbaute, sodass die Insel bald als Macaire'sche Insel bekannt wurde. Eine der prominentesten Kundinnen von Macaires Konstanzer Geldinstitut: Stéphanie de Beauharnais.

Zeitreisende

Von Muscheln und Bratwürsten

Schütt | Pegnitz
Nürnberg, Bayern | 52.000 m²

46° 34' 31" N
13° 55' 23" O

Bei einer Stadt mit derart vielen mittelalterlichen Türmen wie Nürnberg wird die Namensgebung pragmatisch. Hier der Turm »Blaues A«, nicht zu verwechseln mit "Schwarzes Z", ebenfalls Teil des Tratzenzwingers auf der Insel Schütt.

KINDER VON HEUTE WISSEN GAR NICHT MEHR, WAS EIN MUSCHELKASTEN IST!

Zugegeben: Auch die wenigsten Erwachsenen werden mit diesem Begriff etwas anzufangen wissen, und man muss schon ziemlich weit in die Archive hinabsteigen, um herauszufinden, was es damit auf sich hatte. Muschelkästen waren Farbkästen, in denen die Malfarben in Muscheln gefüllt waren. Als kostbar und weltberühmt galten die Muschelkästen, die auf der Nürnberger Flussinsel Schütt hergestellt wurden. Der Romancier, Schauspieler und Intendant des Nürnberger Theaters August Lewald (1792–1871) erinnert sich in seiner Schriftensammlung »Ein Menschenleben« an die Fantasien, die ihn als Kind überkamen, wenn er auf seinem Exemplar den Schriftzug »Zu finden auf der Insel Schütt bei Nürnberg« las: »Ich stellte mir eine grüne Insel mit schönen Bäumen, von lieblichem Gewässer umflossen, vor, eine Art von Insel der Seligen.«

Ein fränkisches Tahiti mag die im Spätmittelalter aus aufgeschütteten Sandbänken – daher der Name – entstandene Insel nicht sein, und doch hat Lewald unrecht, wenn er meint, dass sie »keiner besonderen Auszeichnung werth ist«. Zumal der sommerliche Stadtstrand im 3. Jahrtausend mit seinen 600 Tonnen weißen Sand und 50 Palmen tatsächlich Karibikflair aufkommen lässt. Über genügend Platz verfügt die größte der vier Nürnberger Pegnitzinseln allemal, was sie seit jeher für allerlei Volksfeste, wie in der

Über die Stadtmauer kann man trockenen Fußes auf die Insel Schütt gelangen.

Neuzeit das Altstadtfest oder Teile des Bardentreffens, prädestiniert. In 20 Wintern, zuletzt 1917, befand sich sogar der Christkindlesmarkt auf der Schütt. Hier stehen die Seniorenwohnanlage des Heilig-Geist-Spitals, eine Grund- und Mittelschule, es gibt einen Spielplatz und eine Meditationswiese, in früheren Zeiten gab es eine Fecht- und Reitschule, ein Kinderheim, ein Theater, ein »Narrenhäuslein«, ein Wildbad, möglicherweise auch eine Annenkapelle.

Zwei Türme, Teile der vorletzten Stadtbefestigung aus dem 14. Jahrhundert, stehen prominent auf der Schütt. Der kleinere, an dem im 19. Jahrhundert eine Heuwaage angebracht war, steht am Anfang der Spitalbrücke, während sich ein paar Meter weiter, an der Heubrücke, der größere der beiden erhebt: Der Männerschuldturm diente als Gefängnis für Schuldner und Straftäter. Sein wohl prominentester Insasse war Hans IV. Stromer, Stadtrichter im 16. Jahrhundert und Mitglied der altehrwürdigen Nürnberger Patrizierfamilie Stromer von Reichenbach, in deren Stammbaum sich illustre Persönlichkeiten finden wie Ulman Stromer, der Wegbereiter der Papierproduktion in Europa, Peter Stromer, der Erfinder der Nadelwaldsaat, und der Paläontologe Ernst Freiherr Stromer von Reichenbach, nach dem im Jahr 2000 die Dinosaurierart Paralititan stromeri benannt wurde.

HANS IV. HINGEGEN BEKLECKERTE SICH NICHT MIT RUHM, ...

... sondern mit Senf. 1559 erhielt er eine lebenslange Freiheitsstrafe – je nach Quelle wegen Geheimnisverrats oder wegen Totschlags –, von der er 33 Jahre absaß, bevor er sich aus dem Turm in den Freitod stürzte. Bei Haftantritt hatte er das Privileg aushandeln können, jeden Tag zwei Bratwürste serviert zu bekommen, was ihm den Spitznamen »Bratwurst-Stromer« einbrachte. Dass der Schuldturm 1323 von einem seiner Vorfahren, Konrad III. »der lange« Stromer, errichtet worden war, ist ein buchstäblicher Treppenwitz der Geschichte.

Des Heilig-Geist-Spital auf der Vorderen Insel Schütt.

Zeitreisende

Grafen, Schwestern, Fürstinnen

48° 27' 36" N
13° 25' 35" O

Namenlose Insel   Inn   Neuhaus am Inn, Bayern
7.545 m²

Schon seit 1859 besteht die Mädchenschule Maria Ward in Neuhaus am Inn in der seit 1988 auch Jungen unterrichtet werden.

DAS WORT GOUVERNANTE KOMMT EINEM ALS ERSTES IN DEN SINN, ...

... wenn man von ihnen hört: den Englischen Fräulein. Man hat Bilder von einer hageren Mutter Oberin vor Augen, mit Dutt, auf der Nasenspitze klemmender Nickelbrille und Lineal in der Hand. Doch es kann Entwarnung gegeben werden, die Bezeichnung »Englische Fräulein« ist längst aus der Mode gekommen, und die Hauptbeschäftigung dieses Frauenordens, der seit 2003 Congregatio Jesu heißt und vorher offiziell den ehrwürdigen Namen Institutum Beatae Mariae Virginis trug, besteht aus sozialer Arbeit, Seelsorge und Lehre. Die Gründerin dieses noch immer eine vierstellige Zahl von Mitgliedern umfassenden Ordens kam tatsächlich aus England. Mary Ward, 1585 in Yorkshire geboren, hatte in erster Linie die Vision, Mädchen einen besseren Zugang zu Bildung zu verschaffen und eine Art weibliches Pendant zu den Jesuiten aufzubauen – als welches die Congregatio heute de facto auch gilt. Papst Benedikt XVI. verlieh Ward den Titel »Ehrwürdige Dienerin Gottes«, eine künftige Seligsprechung ist nicht unwahrscheinlich.

Im Jahr 1859 landete das Institut der Englischen Fräulein, die auch als »Mary-« bzw. eingedeutscht »Maria-Ward-Schwestern« bekannt sind, auf einem Felsen im Inn. Für 9000 Gulden wechselte das darauf stehende Schloss Neuhaus die Besitzerin. Bis dahin gehörte es der Fürstin Auguste Eleonore Elisabeth Antonie von Auersperg, einer Urururururgroßmutter Karl-Theodor zu Guttenbergs. Zwischen 1800 und 1833 war das Schloss samt dazugehö-

Bei Neuhaus ist der Inn noch grün, so wie es sich für einen Fluss aus dem Gebirge gehört.

rigem Landgut von einem Anwalt namens Georg Obermeier gehalten worden, der es der Fürstin Josefa zu Fürstenberg-Weitra am Spieltisch abgeluchst hatte. Diese wiederum war 1794 durch Erbschaft daran gekommen. Seit 1737 hatte es Ferdinand Franz Xaver von der Wahl besessen, der eine gewisse Routine mit Wasserschlössern mitbrachte, war er doch Bauherr des Schlosses Aurolzmünster im heutigen oberösterreichischen Bezirk Ried im Innkreis, das immerhin als »Innviertler Versailles« Berühmtheit erlangte. Das gut dokumentierte Hin und Her der Besitzverhältnisse soll an dieser Stelle abgebrochen werden, um auf einen drastischen Einschnitt in der Schlosshistorie einzugehen. 1724 kam es in der Stadt Schärding am anderen Innufer (damals noch zu Bayern gehörend) aufgrund eines fehlgeleiteten Salvenschusses nach einer Fronleichnamsprozession zu einem zweitägigen Großbrand, der auch das Schloss Neuhaus erfasste.

Weitere Schäden erlitt die um 1320 von Herzog Heinrich XV. von Niederbayern errichtete Anlage dann 1742 durch Artilleriebeschüsse im Österreichischen Erbfolgekrieg. Österreichische Truppen hatten die Burg zwei Jahre zuvor besetzt und verteidigten sie gegen die Bayern – mit Erfolg, nicht zuletzt dank der Insellage. Nach dem Kriegsende 1748 waren umfangreiche Bauarbeiten angezeigt. Bei der Umgestaltung von 1750 bis 1752 erhielt der bis heute erhaltene älteste Teil des Schlosses seine spätbarocke Form. Weitere Veränderungen sollten folgen. Schon kurz nach der Übernahme durch die Mary-Ward-Schwestern wurde das St.-Josefs-Haus hochgezogen, 1889 war wegen der gestiegenen Zahl von Schülerinnen in der klösterlichen Anstalt ein weiterer Ausbau notwendig, und ab 1902 wurde der Komplex um ein Gotteshaus erweitert, das bis 1974 als Pfarrkirche diente.

SCHLOSS NEUHAUS, ...

... das ursprünglich zum Schutz der 437 Schritte langen Innbrücke errichtet worden war, lag bis 2011 in den Händen der Congregatio Jesu, abgesehen von einem mehrjährigen Intermezzo im Zweiten Weltkrieg, währenddessen die Anlage als Lazarett und Auffanglager herhalten musste. Seit der Auflösung der Ordensgemeinschaft ist die »Mary Ward Realschule« eine gewöhnliche Lehranstalt, die nur noch mit ihrem Namen auf die »Englischen Fräulein« verweist; der Internatsbetrieb war bereits 1987 beendet worden, ein Jahr später wurden auch Jungs aufgenommen, und das Realschulsystem läuft seit der Jahrtausendwende. Wobei: Wie »gewöhnlich« kann eine Schule schon sein, die von einem Schloss auf einer Insel beherbergt wird?

Jedenfalls kann nach rund 700 sehr wechselvollen Jahren niemand mit Bestimmtheit sagen, wie lange die gegenwärtigen Verhältnisse andauern werden. Status quo auf dem Inn ist jedenfalls: Die Insel gehört zu Neuhaus im Westen, Neuhaus ist deutsch, Schärding im Osten ist österreichisch, die Brücke, die man zur Unterscheidung von der auf die Insel führenden Neuen Innbrücke »Alte Innbrücke« nennt, verbindet die Nachbarländer.

Wenn es in den Alpen kräftig geregnet hat, lassen die Sedimente das grüne Wasser gräulich werden.

Zeitreisende

For what it's Wörth

Mausinsel/Wörth · Wörthsee · Bayern
116.000 m²

48° 3' 31" N
11° 10' 16" O

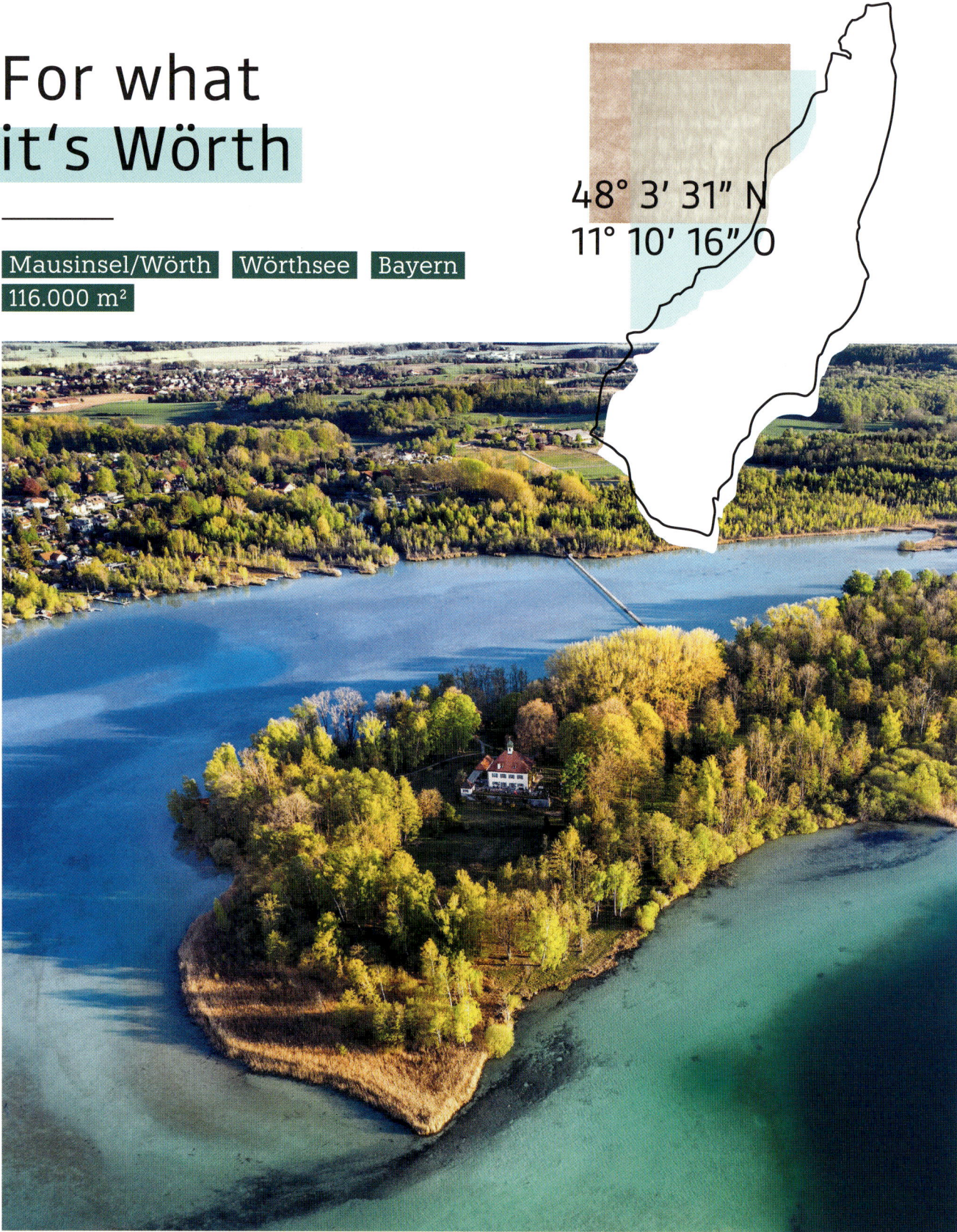

Heiß begehrt sind die Liegeplätze für das eigene Boot. Man muss schon mal 10 Jahre warten, bis es so weit ist.

IM BAYERISCHEN FÜNFSEENLAND ...

... mag der Wörthsee, der drittgrößte, neben den Stars Ammer- und Starnberger See nur zur zweiten Liga gehören, doch schätzen ihn nicht nur die Einheimischen wegen seines »Karibikflairs«. Er gilt als einer der saubersten Seen des Freistaats und wurde auf einem Münchner Onlineportal zum zweitschönsten Badesee im Großraum München gewählt. Schon wegen seines Namens ist er bemerkenswert: Hier liegt der seltene Fall vor, dass ein Gewässer nach der in ihm liegenden Insel benannt wurde. »Wörth« ist eine Variante des altgermanischen Binneninselwortes, das uns in mehreren Inselnamen auf -werder begegnet.

In den Gemeinden Wörthsee und Inning, die den See einrahmen, nennt man die Wörth allerdings nur »Mausinsel«. Eine nagetierbezogene Sage dazu gibt es selbstredend. Der

Einen saubereren Badesee als den Wörthsee kann man in Bayern kaum finden, obwohl der Wasseraustausch acht Jahre braucht.

Herr des nahe gelegenen Schlosses Seefeld soll während einer Hungersnot seine darbenden, um Hilfe flehenden Untertanen in eine Scheune getrieben und den Befehl, diese anzuzünden, gegeben haben. Die Klagerufe der brennenden Menschen soll er mit »Hört ihr die Mäuse winseln?« verhöhnt haben. Doch die Rache folgte auf dem Fuß, in Gestalt Hunderter Ratten und Mäuse, die den Schlossherrn bis auf die Wörth verfolgten und ihn dort lebendig verschlangen.

Augenblick! Kommt einem diese Mär nicht bekannt vor? Hat sich nicht fast exakt dasselbe auf der **Mäuseturminsel** (S. 10) im Rhein zugetragen? Es scheint, als würden hier zwei Ausflugsziele mit ihrer angeblich blutrünstigen Vergangenheit konkurrieren. Bei Licht betrachtet sind beide Geschichten höchst unwahrscheinlich, aber wenn eine von der anderen abgekupfert wurde, dann die Wörth'sche von der Bingener, datiert letztere doch auf das 10. Jahrhundert, während das Seefelder Schloss erst im 13. Jahrhundert gebaut wurde. Wer der »Graf von Seefeld« aus der Sage genau war, bleibt vage. Fakt ist, dass das Schloss bereits im 15. Jahrhundert dem Geschlecht Toerring gehörte. Damals ließ auch Martin Katzmayr ein Herrenhaus auf der Mausinsel erbauen. Der an dessen Stelle von 1770 bis 1772 errichtete Neubau diente dann als Sommerresidenz derer von Toerring und ist bis heute mit diesem Namen verbunden: Der gesamte Wörthsee liegt ebenso im Toerring'schen Besitz wie etliche Ländereien und Schlösser im Umland, und die in zahlreichen bayerischen Ortswappen zu sehende rote Rose ist Teil des Familienwappens der Toerrings. Noch heute soll der Graf zu Toerring-Jettenbach (geboren 1935) einen von zwei Schlüsseln zur Mausinsel besitzen, den anderen ein mysteriöser Privatresident. Letzteren in Ruhe zu lassen gebietet die Höflichkeit, und die Insel über den vom Ufer hinüberführenden Steg zu betreten ist untersagt.

Zudem dient die Insel als Nistgebiet. Lange Zeit gab es hier Tausende Tiere umfassende Lachmöwenkolonien, die inzwischen wegen permanenter Bejagung verschwunden sind. Dagegen konnte auch der Graf nichts ausrichten, als er die Insel 1911 zum Naturdenkmal erklärte. Wenigstens per Boot lässt sich heute ein näherer Blick auf die Wörth erhaschen, und bei starken Minustemperaturen lassen es sich Wagemutige nicht nehmen, die Insel auf Schlittschuhen anzusteuern.

DIE WAHRHEIT ÜBER DEN BOSHAFTEN MÄUSEGRAFEN …

… wird sich wohl nicht mehr rekonstruieren lassen. Eine unheimliche Fußnote aber stammt aus dem Jahr 2015, als im Schilfgürtel der Insel ein Feuer ausbrach, das mit Hilfe von zwei Booten, zwei Hubschraubern und mehr als 60 Mann gelöscht werden musste. Angebliche Ursache laut freiwilliger Feuerwehr: »Unachtsamkeit beim Verbrennen von Gartenabfällen«. Oder steckten doch ruhelose Geister dahinter?

Zeitreisende

Im Garten der Äbte

Reichenau   Bodensee
Baden-Württemberg   4.300.000 m²

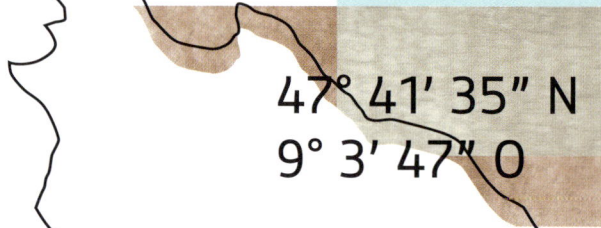

47° 41' 35" N
9° 3' 47" O

Die farbenprächtige Holzdecke der romanischen Basilika St.-Georg.

VOR DEM BESUCH DER NÄCHSTEN INSEL …

… sei ein Zwischenstopp angeraten, nämlich eine Besichtigung der wohl spektakulärsten Baustelle Deutschlands. Nördlich der Kleinstadt Meßkirch unweit Sigmaringen können Mittelalter-Aficionados seit 2013 auf dem »Campus Galli« dabei zusehen, wie ausschließlich mit Materialien, Mitteln und Kenntnissen, die in karolingischer Zeit verfügbar waren, eine Klosteranlage entsteht – nach Plänen, die auf der Insel Reichenau im Untersee des Bodensees entworfen wurden.

Das Kloster, das in Philip Wilkinsons famosem »Atlas der nie gebauten Bauwerke« vorgestellt wird, könnte mit einer Verzögerung von gerade mal 1200 Jahren doch noch gebaut werden. Eine Gesamtbauzeit von 40 Jahren hat das Team aus Wissenschaftlern, Handwerkern, Denkmalpflegern etc.

Der regelmäßig einsetzende Alpenföhn sorgt für ein mildes Klima und reiche Obst- und Gemüseernten auf der Reichenau.

anvisiert, eine beachtliche Spanne, aber immerhin hatte der Zeichner des 112 cm × 77,5 cm großen »St. Galler Klosterplans« die Vision eines idealen Klosters aus 50 Gebäuden, das rund 100 Benediktinermönchen und 200 Arbeitskräften plus eventuellen Gästen Platz bieten sollte. Nach den Methoden der experimentellen Archäologie wurden bis jetzt (Stand Winter 2021/22) bereits der Paradies- und der Gemüsegarten sowie eine Strohlagerscheune realisiert. Eine Strohlagerscheune ist in Bau. Eine Holzkirche samt Glocke als Vorgängerbau der zentralen Klosterkirche steht auch schon.

Die Urheberschaft der fünf zusammengenähten Pergamentstücke ist nach wie vor ungeklärt, denn trotz hervorragender Archivsituation (die Reichenauer Handschriften gehören zum UNESCO-Weltdokumentenerbe) ist die historische Überlieferung nicht lückenlos, zumal in der Vergangenheit immer wieder gefälschte Dokumente aufgetaucht sind. Der auf der Inschrift zu lesende Empfänger des Klosterplans war jedenfalls ein St. Galler Abt namens Gozbert (das Originaldokument befindet sich heute in der Stiftsbibliothek von St. Gallen), Auftraggeber war möglicherweise der Abt Haito, der um das Jahr 765 als Klosterschüler nach Reichenau gekommen war, später Bischof von Basel wurde und nicht der Letzte seines Standes war, der Reichenau als Klosterstandort prägte. Sinnhaft ziert das Wappen der gleichnamigen Gemeinde denn auch seit 1960 die Büste eines Abtes in vollem Ornat. Das Münster St. Maria und Markus, das unter Haito als Abteikirche gebaut wurde, um die Holzkirche zu ersetzen, die wahrscheinlich Pirminius (von ihm ist der Stadtname Pirmasens abgeleitet), der Wandermönch, Klosterstifter und Heilige, errichten ließ, als er 724 auf die Insel kam, steht in Kernteilen noch heute und dient als Pfarrkirche in Mittelzell. Sie ist die größte der drei superb erhaltenen romanischen Kirchen auf der Reichenau, von denen je eine in jedem Ortsteil steht – St. Georg in Oberzell und St. Peter und Paul in Niederzell – und die mitsamt der Insel im Jahr 2000 von der UNESCO den Weltkulturerbe-Status zugesprochen bekamen. Wer rustikalere Gemäuer bevorzugt, wird im Osten mit der Burgruine Schopfeln aus dem 11. Jahrhundert fündig, in deren Mauern der NABU eine Vogelbeobachtungsplattform angelegt hat.

DIE KONTINUITÄT KLÖSTERLICHER NUTZUNG ...

... seit 2001 leben nach 250-jähriger Abwesenheit wieder Benediktinermönche auf der Reichenau – verdankt sich gewiss auch der beiden Standortvorteile Fischreichtum und Alpenföhn. Die vielen Sonnentage und das allgemein äußerst milde Klima begünstigen die Kultivierung von Speisepflanzen im großen Stil, heute zu gut drei Vierteln auf freier Fläche. Walahfrid Strabo, der anno 838 Abt von Reichenau wurde, verfasste ein als »Hortulus« bekanntes Lehrgedicht über Gartenpflege, in dem er 24 Nutzpflanzen in Versen erklärt, von Salbei über Fenchel und Sellerie bis zur Rose. Neben etlichen Obst- und Gemüsesorten wird auf der »Salatinsel« seit Abt Hatto I. im Jahr 818 auch Wein angebaut, mithin der südlichste Wein Deutschlands. Anfang des 19. Jahrhunderts machten Weinreben sogar fast die Hälfte der Anbaufläche aus, bevor Schadinsekten und Krankheiten zu wiederkehrenden Ernteausfällen führten. Doch noch in unseren Tagen werden immerhin rund 10 Prozent der Reichenauer Agrarfläche für Weinbau genutzt.

AUSSERHALB VON KLOSTERZUSAMMENHÄNGEN ...

... kann sich die größte aller Bodenseeinseln – ihre Fläche übertrifft knapp die von Helgoland – mit weiteren großen Namen identifizieren. Der spätere römische Kaiser Tiberius soll hier zu seiner Zeit als Heerführer in Germanien kurz nach der Zeitenwende einen Waffenplatz angelegt haben. Den Bau des Dammes, der die Moränenschuttinsel im Untersee seit 1838 mit dem Festland im Osten verbindet, hatte Louis Napoléon Bonaparte (Napoleon III.) veranlasst, welcher über seine Mutter nicht nur mit Stéphanie de Beauharnais (**Maulbeerinsel, S. 22**) verbunden, sondern auch mit dem Bodensee bestens vertraut war. Außerhalb Badens weniger bekannt ist die Autorin und Weltreisende Lilly Braumann-Honsell, an die im Süden der Lilly-Braumann-Honsell-Weg erinnert. Sie war gegen Ende des Ersten Weltkriegs auf die Insel gezogen, beschrieb und bedichtete das Leben am See in mehreren Büchern und ging als erste Bodensee-Seglerin in die Geschichte ein. Bis zu ihrem Tod 1954 lebte sie dort, ihre Asche wurde im Untersee verstreut.

Von den über 3000 Inselbewohnern dürften die Schülerinnen und Schüler sich am meisten über ihre Lage freuen, denn sie haben an gleich drei Inselfeiertagen unterrichtsfrei, darunter am 25. April, wenn »die Gebeine des heiligen Markus öffentlich verehrt werden sollen«, wie es auf dem Konstanzer Konzil 930 beschlossen wurde. Reichenau ist mithin die wohl gottesfürchtigste unter den Bodenseeinseln. So gottesfürchtig gar, dass man sich erzählt, an der 700 Jahre alten Gerichtslinde auf dem Ergat, dem Dorfplatz in Mittelzell, sei nie jemand aufgehängt worden – man habe sich schlicht nicht getraut, auf dem heiligen Eiland Hinrichtungen durchzuführen.

Zeitreisende

»Ringsum des frischen Wassers Lauf«

Île de Peilz   Genfersee
Kanton Waadt, Schweiz   400 m²

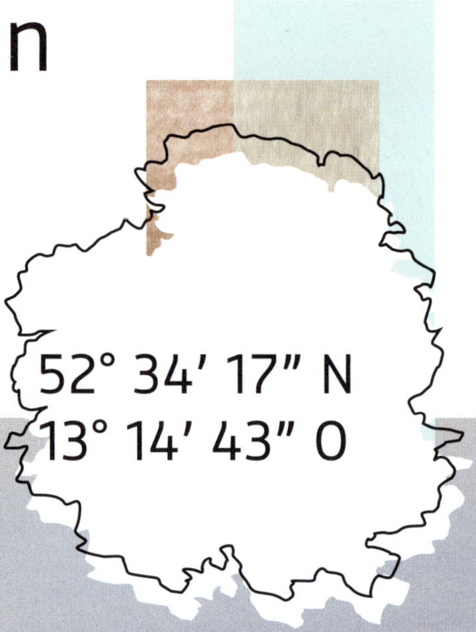

52° 34' 17" N
13° 14' 43" O

42 - Île de Peilz

Der Vulkan Tambora im fernen Indonesien war für das »Jahr ohne Sommer« verantwortlich.

ALLES BEGINNT IM JAHR 1815 …

… auf einer 11.000 Kilometer entfernten Insel, die größer ist als alle Inseln der Schweiz zusammen. Auf der Kleinen Sundainsel Sumbawa, Indonesien, bricht im April der Vulkan Tambora aus. Die Katastrophe erreicht die zweithöchste Stufe auf dem Vulkanexplosivitätsindex und kostet mehr als 71.000 Inselbewohner das Leben. Auch die indigene Sprache, die denselben Namen wie der Vulkan trägt, stirbt mit einem Schlag aus. Die Aschewolke ist gewaltig, der Himmel verdunkelt sich, nichts ist mehr, wie es war. Selbst die Eruption des Vesuv um 79 n. Chr. verblasst dagegen. Das Folgejahr 1816 sollte als das »Jahr ohne Sommer« in die Annalen eingehen.

Südlich von Montreux, ganz im Osten des Genfer Sees, liegt das Bilderbuchinselchen.

Die globale Jahrestemperatur fällt um mindestens 1 Grad Celsius, die spürbarsten Auswirkungen verzeichnen Amerika und Europa. Bis in den Sommer hinein herrscht Nachtfrost, Schneefälle sind keine Ausnahme, sondern die Regel. Der deutsche Volksmund gibt dem Elendsjahr den schwarzhumorigen Spitznamen »Achtzehnhundertunderfroren«. Wo der Niederschlag nicht gefroren zu Boden fällt, bricht er in lang anhaltenden Regenschauern herein. Im Verbund mit der mächtigen verzögerten Schneeschmelze sorgen sie in ganz Europa für Überschwemmungen, unter anderem am Rhein. Nässe und Kälte begünstigen Ernteausfälle und somit eine Hungersnot kaum gekannten Ausmaßes. Nutztiere verenden, zusätzlich grassieren Pest und Typhus.

Wenigstens die Kunst lässt sich von dem apokalyptischen Dauerzustand inspirieren. Das wegen der Aerosoldichte besonders intensive Morgen- und Abendrot wird auf mehreren Gemälden festgehalten, ein unwirklicher Himmel, der eher an die Hölle gemahnt, findet sich bei Malern wie William Turner, John Crome und Caspar David Friedrich. Und möglicherweise wäre die Literaturgeschichte anders verlaufen, wenn der Sommer planmäßig gewesen wäre. Das Wetter regt nicht unbedingt zu Outdoor-Aktivitäten an, als der englische Dichter und Schwerenöter Lord Byron ein paar Freunde in seine Mietvilla auf der Schweizer Seite des Genfer Sees einlud. Die gespenstische Atmosphäre animiert die illustre Runde stattdessen zu einem Schauerstory-Schreibwettbewerb. Byrons Leibarzt John Polidori schafft dabei mit seinem Beitrag »The Vampyre« einen Prototyp der klassischen Vampirgeschichte, während Mary Shelley einen Roman mit dem Titel »Frankenstein oder Der moderne Prometheus« vorlegt – nach herrschender Meinung der Grundstein für das Science-Fiction-Genre. Lord Byron verfasst das düstere Gedicht »Darkness«. Es ist nicht sein einziges lyrisches Werk in diesem Jahr – und damit kommen wir endlich zur Île de Peilz. Ihr widmet er in seinem dramatischen Gedicht »The Prisoner of Chillon« ein paar Zeilen, übersetzt von Wilhelm Schäffer:

> »Auch war ein kleines Eiland da,
> Das lächelnd mir in's Antlitz sah,
> Kein andres war zu sehn;
> Ein grünes kleines Eiland, kaum
> So groß wie meines Kerkers Raum,
> Drei große Bäume standen dort,
> Die Bergluft kühlte diesen Ort,
> Ringsum des frischen Wassers Lauf
> Und Blumen überall darauf,
> So duftig und so schön!«

Heute sieht man eine einzelne Platane dort, wo vor 200 Jahren drei Bäume standen, höchstwahrscheinlich Pappeln, andere Quellen sprechen von Ulmen, zwischenzeitlich soll es auch Kastanien gegeben haben. Vieles, was vor und nach dem Setzen der Platane geschehen ist, liegt im Dunkeln, als hätte die Vulkanasche einen Schleier des Vergessens über die Île de Peilz gelegt. Einigermaßen gesichert ist, dass das Eiland am Ende des 18. Jahrhunderts nichts als ein Felsen war, den man dann mit Erde bedeckte und mit einer Mauer begrenzte. Auch eine Hütte soll hier mal gestanden haben. Hartnäckig hält sich die Legende, dass Königin Victoria die Insel von der Schweizer Regierung geschenkt bekommen habe, sie aber wieder zurückgab, als sie erfuhr, dass dafür Steuern fällig würden. Regelmäßige Gäste sind die Kormorane, die sich die kleinste Insel des Genfer Sees als Winterdomizil ausgesucht haben und sie mit einer weißen Guanoschicht überziehen (**Hanfwerder** S. 72 lässt grüßen!).

2021 WURDE DIE ÎLE DE PEILZ ZUM SOCIAL-MEDIA-STAR, …

… tauchte auf Hunderten Instagram-Fotos auf. Doch so sehr die Influencer das einsame Stückchen Land auch in Szene setzen – kein Filter kann jenen Anblick nachahmen, der sich Lord Byron und seiner Gruselgesellschaft anno 1816 bot.

Zeitreisende

Von Sternchen und Pampasvögeln

Dominsel | Küchen- und Domsee
Ratzeburg, Schleswig-Holstein | 454.471 m²

53° 42' 14" N
10° 46' 30" O

46 - Dominsel

Stattliche 1,40 m können die Nandus werden und schnell sind sie, 60 km/h. Man sollte sie also besser nicht ärgern.

ZUR REICHSPRÄSIDENTIN SOLLTE MAN SIE MACHEN!

Das zumindest forderte 1921 der Journalist und Literat Kurt Pinthus. Die Frau, die er meinte, die »Gestalt, die in Deutschland volkstümlicher ist, als der Alte Fritz, als der olympische Goethe es je waren und sein konnten«, ist heute leider in Vergessenheit geraten: Henny Porten. Dabei war die 1890 in Magdeburg geborene Schauspielerin Deutschlands erste Filmdiva und ließ die Kinokassen klingeln wie höchstens Asta Nielsen. Sie trat in Werbefilmen auf, arbeitete mit Regiegrößen wie Ernst Lubitsch und Robert Wiene, erhielt buchstäblich waschkörbeweise Fanpost und war unter anderem für die junge Marlene Dietrich ein unerreichbares Vorbild. In der NS-Zeit sank ihr Stern, da sie sich weigerte, sich von ihrem als »Halbjude« eingestuften Ehemann, dem Arzt Wilhelm von Kaufmann, scheiden zu lassen. In immerhin zehn Produktionen konnte sie noch mitspielen, härtere Repressalien blieben ihr nur erspart, weil Görings Bruder und Hitler selbst sie verehrten. Im April 1945 wurde das Berliner Wohnhaus Henny Portens und ihres Mannes auf Befehl der Wehrmacht geräumt, das Paar musste die Hauptstadt kopfüber verlassen. Ein Flüchtlingsbus, in dem gerade noch zwei Plätze frei waren, führte sie nach Ratzeburg.

Der Domsee geht im Süden in den Küchensee über. Im Norden schließt sich der Ratzeburger See an.

In der Inselstadt lebte Porten zwölf Jahre, bevor sie sich bis zu ihrem Tod 1960 wieder in Westberlin niederließ. Auch wenn die Ratzeburger den einstigen Filmstar nur positiv wahrnehmen, nämlich einerseits erhaben-glamourös, andererseits freundlich-geerdet und bescheiden (die Portens mussten zeitweise mit fast 30 Personen zusammen wohnen, denn die Stadt war mit Flüchtlingen überfüllt), blieb ihr ein Comeback verwehrt, ja sie wurde von dem bundesdeutschen Publikum gar als Verräterin gebrandmarkt, nachdem sie zwei Engagements für die DDR-Filmgesellschaft DEFA angenommen hatte. Erst eine Sonderausstellung im Jahr 2008 zeigte die Meriten Henny Portens und holte sie – immerhin mit dem Großen Verdienstkreuz und einem Ehrengrab in Berlin bedacht – ins öffentliche Bewusstsein zurück.

Die Stadtgrenze der holsteinischen Kleinstadt Ratzeburg bildet im Westen die historische Handelsroute Alte Salzstraße. Im Osten kommt praktisch nur noch die Gemeinde Ziethen, bevor Mecklenburg-Vorpommern beginnt, weswegen das ehemalige Amt Ratzeburg-Land (seit 2007: Amt Lauenburgische Seen) im Herzogtum Lauenburg bis zum Mauerfall »Zonenrandgebiet« war. Die Altstadt und damit der Kern des 14.500-Einwohner-Ortes ist jedoch die Dominsel, deren höchste Erhebung der romanische Dom

St. Marien und Johannis Evangelistae krönt. Der imposante Backsteinbau, »der wohl das Allermerkwürdigste allhier ist«, wie es in einem Reisebericht von 1753 heißt, beherbergt die Gebeine des Heiligen Ansverus und hat seit seiner Grundsteinlegung 1154 so einiges überstanden: nicht nur den Angriff der Dänen im Jahre 1693, bei dem der Rest Ratzeburgs nahezu dem Erdboden gleichgemacht wurde, sondern auch einen Großbrand 1893, von dem eindrucksvolle Fotografien erhalten sind. Das Etablissement »Zum alten Brauhaus« lieferte damals noch einen Hinweis darauf, dass Ratzeburg im 17. und 18. Jahrhundert als Bierbrauzentrum eine Rolle spielte.

NUR INDIREKT ERHALTEN SIND DIE SPUREN ...

... der slawischen Besiedlung, dank der die Insel überhaupt erst aus dem Nebelmeer der Geschichte auftauchte. Der Stamm der Polaben hatte in Ratzeburg seinen Hauptsitz, ihr Anführer, der Fürst Ratibor oder Ratze, ist Namensgeber. Wo heute der Dom steht, befand sich vorher der Haupttempel der polabischen Fruchtbarkeitsgöttin Živa. Erst 115 Jahre nach Ratibors Tod wurde Ratzeburg erstmals urkundlich erwähnt, in der Dotierungsurkunde Heinrichs des Löwen anno 1158. Eine Kopie des berühmten Braunschweiger Löwen vor dem Dom erinnert an den einflussreichen Herzog.

Müsste man ein modernes Symboltier für die Region um den Ratzeburger See wählen, es wäre wohl der Nandu. Nachdem im Jahr 2000 sechs Exemplare des südamerikanischen Laufvogels aus einem Gehege bei Lübeck ausgebrochen waren, vermehrten sie sich ungebremst und trotzen selbst rauestem norddeutschen Klima. Während sich viele Einheimische und Besucher der holsteinisch-mecklenburgischen Grenzregion über die freilaufenden Neozoten freuen und intensiv »Nandu-Watching« betreiben, sehen nicht wenige Expertinnen die aus Hunderten Tieren bestehende Population als Plage, die einheimische Arten gefährde.

Wenn die Rede davon ist, dass die Dominsel im Ratzeburger See liegt, so ist das nicht ganz korrekt. Das Gewässer, das die Insel im Süden begrenzt, heißt (Großer) Küchensee, im Osten liegt zwischen dem Kleinbahndamm und dem Königsdamm der Kleine Küchensee, umgangssprachlich »Spucknapf«, und nördlich davon der nahtlos in den eigentlichen Ratzeburger See übergehende Domsee. Das Regiment, das im Dreißigjährigen Krieg unter dem berüchtigten General Pappenheim Ratzeburg eroberte, kam 1630 noch über eine nicht mehr existierende Holzbrücke auf die Insel. Heute führt als dritter Zugang neben den beiden Ostdämmen der verhältnismäßig breite Lüneburger Damm von Westen auf die Insel. Auf die Existenz der Ratzeburger Kleinbahn verweist leider nur noch der Name des genannten Damms. Die Personenbeförderung wurde 1933 auf Omnibusse umgestellt, und nachdem auf der Trasse noch ein paar Monate Güterverkehr rollte, löste sich die Verkehrsgesellschaft ganz auf. Dafür kommen Schienenfans heute mit Draisinenfahrten der Erlebnisbahn Ratzeburg auf ihre Kosten. Wer die Insel vom Wasser aus erkunden will, mietet sich beim selben Unternehmen ein schwimmendes Fahrrad (»Hydrobike«). Dabei begegnet man womöglich Ruderern, die es dem Lokalhelden Karl Adam gleichtun – jenem Oberstudienrat, der mit seinem Achterteam 1960 in Rom olympisches Gold holte.

Es ist bedauerlich, dass die Schauspielerin Henny Porten hier nie glücklich geworden ist. Und doch war ihr schicksalhaftes Stranden in Ratzeburg folgerichtig, denn Kunst und Kultur gedeihen hier seit jeher. Malerinnen wie Ida Giesecke und Ilse Harms-Lipski sind mit der Stadt ebenso verbunden wie der Bildhauer Ernst Barlach und dessen Enkel Hans, der über Jahre hinweg durch den sogenannten Suhrkamp-Streit die Feuilletons unterhielt. Die schwulstig-schönste lyrische Würdigung seiner Wahlheimat hat der Theaterdichter und Lessing-Schüler Johann Friedrich Schink verfasst, der von 1797 bis 1806 in Ratzeburg lebte:

»Und, wenn die Sonn' im Abendschimmer glüht
Der Horizont, wie eine Purpurdecke
Hängt überm Strom; und, wie im Golde wogend
Die Insel strahlt, gleich Horebs heil'gem Hain«.

Romanische Backsteinbaukunst par excellence:
Der Ratzeburger Dom.

Kapitel 2
Binnenforscherinnen

Nicht nur für historisch Interessierte spielen sich auf den Inseln ganz eigene Geschichten ab, auch öko-, sozio- und geologisch gibt es jede Menge zu entdecken. Zeit für die Binnenforscherinnen.

Binnenforscherinnen

Es war einmal eine Burg

Olsborg   Plöner See
Schleswig-Holstein   2.800 m²

54° 9' 10" N
10° 25' 44" O

Die Inseln auf dem Plöner See und den umliegenden Gewässern sind EU-Vogelschutzgebiet.

DIES SEI DER SCHÖNSTE PLATZ IN GANZ DÄNEMARK, ...

... soll der Märchendichter Hans Christian Andersen festgestellt haben, als er auf dem Schlossberg stand und seinen Blick über den Großen Plöner See – und ganz gewiss auch über die zauberhafte Insel darin – schweifen ließ. Heute gehört der Ort zwar zu Deutschland, doch das Märchenhafte blieb bewahrt. Wasser und Land bilden eine untrennbare Einheit. Zwei Drittel der rund 37 km² großen Fläche der Kreisstadt Plön sind Wasser. Ihr Wappen zeigt das stolze Backsteinschloss über dem leicht wogenden See, in dem ein roter Fisch schwimmt. Der Plöner See heißt mit vollem Namen Großer Plöner See, und das nicht zu Unrecht. Mit rund 28 km² ist er immerhin der zehntgrößte See Deutschlands. Außerdem befindet sich nördlich von ihm, abgetrennt fast nur von der Bundesstraße 430, der Kleine Plöner See.

Gut zwei Dutzend Inseln mit schönen Namen wie Tempel oder Sack liegen im Plöner See, der Großteil gehört zum Naturschutzgebiet »Inseln im Großen Plöner See und Halbinsel Störland«. Apropos Halbinsel: Die Prinzeninsel, vor der Absenkung des Wasserspiegels im 19. Jahrhundert eine echte Insel, verdankt ihren Namen den beiden Söhnen des letzten deutschen Kaisers, Kronprinz Wilhelm und Prinz Eitel Friedrich. Wilhelm II. hatte die Halbinsel erst gepachtet, dann gekauft, damit die Jungen auf der »Prinzenfarm« bäuerliches Arbeiten lernen, im (heute noch vorhandenen)

Der Plöner See fügt sich in die Hügel der Holsteinischen Schweiz - für norddeutsche Verhältnisse ist das geradezu eine schroffe Gebirgslandschaft.

»Prinzenbad« schwimmen und im See angeln konnten. Die Kaiserin wiederum hielt sich am liebsten in einem Pavillon an der Spitze der Halbinsel auf. Die Prinzeninsel ist bis heute im Besitz der Hohenzollern, sodass der Plöner See, der auch als »Meer der Plöner Herzöge« bekannt ist, sich als wohl adeligstes Gewässer der Holsteinischen Schweiz fühlen darf.

DIE INSEL OLSBORG IST KEIN ADELSSITZ, ...

... sondern als Brutplatz der artenreich vertretenen Avifauna vorbehalten. Dank mehrerer Grabungskampagnen weiß man jedoch, dass sie über Jahrhunderte hinweg für Menschen nicht nur eine profane Inselsiedlung war, sondern ein bedeutendes Zentrum im Herrschaftsgefüge darstellte, was historische Dokumente bereits nahelegten. Adam von Bremen, der auch schon auf **Hanfwerder** (S. 72) einen Kultplatz der Slawen vermutet hatte, erwähnt eine *civitas Plunie* auf dem Plöner See (der Name Plön hat sich aus *Plune* entwickelt, was bei den Slawen höchstwahrscheinlich so etwas wie »eisfrei« bedeutete). Dass es tatsächlich der Stamm der Wagrier war, der auf der Insel eine Burg nebst Heiligtum hielt, ist nicht nur deswegen wahrscheinlich, weil die Westslawen sich sehr gern auf Binneninseln niederließen – neben Hanfwerder sind die Plöner Insel Bischofswarder, die Schlossinsel im Schweriner See und die Kohlinsel im Plauer See zu nennen. Letztere ist übrigens quasi eine Schwester von Olsborg, seit Plön und Plau am See (Mecklenburg-Vorpommern) 1990 eine Städtepartnerschaft eingegangen sind. Mehrere archäologische Untersuchungen auf und an der Insel verhärteten jedenfalls den Verdacht, dass im Plöner See tatsächlich die »slawischen Wikinger«, als welche die wagrischen Piraten gefürchtet waren, einen Lebensmittelpunkt hatten. Gefundene Pflanzenreste lassen darauf schließen, dass die slawische Bevölkerung nicht nur umfangreichen Getreideanbau betrieb, z.B. von Weizen und Gerste, sondern auch Heilpflanzen wie Minze und Johanniskraut kultivierte, Gerätschaften wurden aus Geweihen hergestellt, Schafknochen belegen Viehzucht. Die Insel war zu slawischer Zeit mit dem Festland über eine 120 Meter lange Brücke verbunden, deren Reste Anfang der 2000er-Jahre gefunden wurden. Ihren Anfang nahm die Besiedlung der Insel nach aktuellen Erkenntnissen in der Mitte des 10. Jahrhunderts n. Chr. Mit dem Bau der Burg Plune wurde in der ersten Hälfte des 11. Jahrhunderts begonnen, genutzt wurde sie den Quellen zufolge bis 1139, rund 30 Jahre später wurde sie verlegt – als Vorläuferin des heutigen Schlosses auf den Plöner Bischofsberg. Schon vor der erwähnten künstlichen Absenkung des Wasserspiegels im 19. Jahrhundert hatte Olsborg immer wieder mit dem schwankenden Wasserstand zu kämpfen, etwaige Wälle der Inselburg aus Schlamm und Lehm dürften dem Wasser nicht lange standgehalten haben.

IM JUNI EINES JEDEN JAHRES ...

... erinnert der »Slawen- und Wikingertag« an das vorholsteinische Leben am und auf dem Plöner See, mit Demonstrationen mittelalterlicher Handwerkskunst, Kostümierungen sowie Reenactments der Schaukampftruppe »Castrum Plune«. Dann liegen der raue Alltag der Wagrier und der Glanz der preußischen Fürsten so nah beieinander wie der Große und der Kleine Plöner See.

Binnenforscherinnen

MinerAalwasser

Kaltehofe | Elbe | Hamburg
600.000 m²

53° 31' 28" N
10° 3' 19" O

Das Industriedenkmal mit den Bauten zur Wasserversorgung Hamburgs von anno dazumal kann auf Führungen besichtigt werden.

ALS HÄTTE JEMAND VERSUCHT, …

… die Frage »Wie viele Fischteiche passen auf eine einzige Flussinsel?« zu beantworten: Kaltehofe (ältere Schreibweise: Kalte Hofe) in Hamburg erweckt, etwas bemüht originell ausgedrückt, den Eindruck einer Beckensammlung als Sammelbecken für so manches, das ursprünglich nicht vorgesehen war … Auf Satellitenaufnahmen sind von einst 22 rechteckigen Filterbecken höchstens 17 als solche auszumachen, fünf von ihnen lassen sich nur mehr anhand ihrer Umrisse erahnen. Ausgetrocknet, versandet, teils baumbestanden sind einige inzwischen. In denen, die noch mit Wasser gefüllt sind, schwimmen Schwan, Krickente, Haubentaucher & Co. Mehr als 20 Wasservogelarten wurden hier gezählt, insgesamt brüten 44 gefiederte Spezies auf der Insel, die sich die Natur zu drei Vierteln (zurück)erobert hat. Dazu gesellen sich regelmäßig Zugvögel. Dies wiederum begünstigt die Verbreitung einer ungefiederten zweibeinigen Spezies, dem Gemeinen Bird-Watcher: Vogelbeobachten wird auch unter jungen Leuten immer beliebter. Seit 2010 richtet der NABU hier passenderweise das Vogelfestival HanseBird aus. Abseits der Avifauna gibt es Reptilien, Amphibien und Säugetiere. Der Biber tummelt sich auf Kaltehofe ebenso wie der Hase, zudem wurde ein Drittel aller in Deutschland lebenden Fledermausarten nachgewiesen. Fische wie der Barsch haben in den Becken ein Zuhause gefunden.

Was hat es nun mit diesen Becken auf sich? Um das zu verstehen, muss man ein paar Dezennien in die Vergangenheit reisen – nicht ins Jahr 1768, als das Gebiet noch zu Dänemark gehörte, aber doch ins Jahr 1842. Der vier Tage wütende Große Brand im Mai hatte nicht nur ein Drittel der Stadt zerstört und 20.000 Menschen obdachlos zurückgelassen, sondern auch die Grenzen der Löschwasserversorgung aufgezeigt. Zudem waren alle drei Wasserkünste der Stadt – so wurden die Wasserwerke bzw. deren

Rückzugsort für Wasservögel vor den Toren Hamburgs: die Insel Kaltehofe.

Vorläufer seit dem Mittelalter genannt – Opfer der Flammen geworden. Die Wasserversorgung der Hansestadt musste von Grund auf neu konzipiert und realisiert werden. Unter der Federführung des Londoner Ingenieurs William Lindley entstand bis 1848 nach britischem Vorbild eine hochmoderne »Stadtwasserkunst« mit dem Wasserwerk im Stadtteil Rothenburgsort als Knotenpunkt. Weil das Filtern des aus der Elbe gepumpten Wassers zu kostspielig gewesen wäre, wurde es lediglich zur Grobreinigung in Ablagerungsbecken belassen, bevor es in die Hamburger Haushalte gespeist wurde. So ließ sich nicht verhindern, dass immer wieder kleines – und erschreckend großes – Getier in die Wasserrohre gelangte, vor allem der Aal war ein ständiger Gast in den Leitungen. In den 1870er-Jahren wurden 16 verschiedene Tierarten im Leitungswasser ausfindig gemacht. Bald kursierte ein Spottgedicht, in dem es u.a. hieß:

»Ein Schwamm, ein Moostier, ein Polyp / Die dringen lustig durch das Sieb / An toten Tieren kommen raus / Der Hund, die Katze und die Maus«.

1888 zählte man nicht weniger als 40 Tierarten. Wenig später rächte sich der Verzicht auf Filteranlagen auf noch verheerendere Weise. Die Choleraepidemie von 1892 raffte nahezu 9000 Einwohner dahin. Auch weil Robert Koch gerade den lange vermuteten Zusammenhang von verschmutztem Trinkwasser und Verbreitung der Cholera bewiesen hatte, sah man sich nun zum Handeln gezwungen und beschleunigte den bereits im Vorjahr begonnenen Bau einer neuen Filtrationsanlage, die schließlich 1893 unweit der alten Rothenburgsorter Anlage den Betrieb aufnehmen konnte, auf der Insel Kalte Hofe. Diese trug ihren Inselstatus übrigens erst seit 1879, nachdem sie innerhalb von gut vier Jahren von der Insel Peute abgetrennt worden war. Den dabei entstandenen Stich durchfließt heute die begradigte, bis zu 230 Meter breite Norderelbe.

DOCH DER KALTEHOFER ANLAGE SOLLTE KEIN GLÜCK BESCHIEDEN SEIN.

Bereits um die Jahrhundertwende verschlechterte sich die Wasserqualität der Elbe stark. Verschlammte Filter, Müll, Chlor und andere Industriegifte machten dem Werk zu schaffen. 1905 eröffnete in Billbrook das erste von mehreren Wasserwerken, die vom Zustand der Elbe unabhängig operieren konnten. Kaltehofe blieb zwar bestehen, konnte aber nach Bombenangriffen im Zweiten Weltkrieg nur noch acht der 22 Filterbecken nutzen und wurde bei der Sturmflut 1962 weiter in Mitleidenschaft gezogen. 1990 war dann endgültig Schluss.

Dem Verfall kann man heute im Naherholungsgebiet Wasserkunst Elbinsel Kaltehofe zusehen. Wobei der »Verfall« ja zugleich eine Wiedergeburt ist, denn wie Neues gedeiht, wenn der Homo industrialis sich zurückzieht, ist auf dem hiesigen Naturerlebnispfad oder von einer Beobachtungsplattform aus schön nachzuvollziehen. Die Stiftung Wasserkunst Elbinsel Kaltehofe, die sich wie auch ein Café in der 1894 als Außenstelle des Hygienischen Instituts erbauten Klinkervilla befindet, bietet Führungen zur Geschichte der Hamburger Wasserversorgung und zum Naturschutz an.

Neben den schon erwähnten Tieren beheimatet das Biotop 281 Pflanzenarten, die teils auf der Roten Liste stehen. Wer sich auf dem 44 Hektar großen Areal die Beine vertreten will, kann das auch schuhlos auf einem Barfußpfad tun. Für die etwas andere körperliche Ertüchtigung in der Sportart Discgolf – Minigolf mit Frisbees – steht ein Feld mit sechs Körben bereit. Gleich drei Fernradwege führen über Kaltehofe, von Süden über den lang gezogenen Hauptdeich mit der Norderelbe zur Linken und dem Holzhafen (West) zur Rechten, nach Norden verlässt man die Insel über das Sperrwerk Billwerder Bucht und landet auf einer weiteren Insel, dem Billwerder Ausschlag (dessen Name nichts mit Hautirritationen durch verunreinigtes Trinkwasser zu tun hat).

Binnenforscherinnen

Was macht ein Ostfriese im Moor?

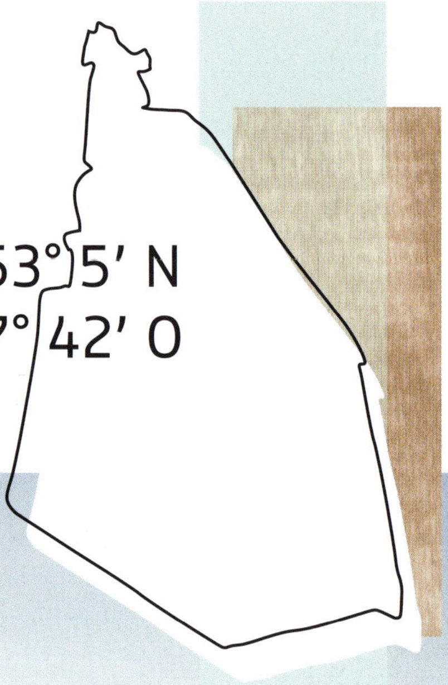

Saterland   Oldenburger Münsterland
Niedersachsen   123.620.000 m²

53° 5' N
7° 42' O

Landschaftspflege auf vier Beinen - die Schäferei trägt maßgeblich zum Erhalt der Kulturlandschaft bei.

BEI DEM LINGUISTISCHEN FACHAUSDRUCK »SPRACHINSEL« – ...

... ein kleines, in sich geschlossenes Sprachgebiet inmitten eines größeren – handelt es sich um eine Metapher. Und doch gibt es seltene Beispiele von isolierten Sprachgemeinschaften auf tatsächlichen Inseln. Eines davon befindet sich zwischen Emden und Cloppenburg und schaffte es als kleinste Sprachinsel Europas 1991 sogar ins Guinnessbuch der Rekorde. Die Rede ist vom Saterland bzw. Seelterlound, wie es auf Saterfriesisch heißt. Dass sich das Saterfriesische überhaupt erhalten konnte und heute neben Nordfriesisch, Sorbisch, Dänisch und Romanes in Deutschland als Minderheitensprache anerkannt ist, liegt an ebenjener besonderen Geografie des Saterlandes, auch wenn die Geest- oder Moorinsel heute kaum noch als solche zu erkennen ist.

Einen Eindruck von der Abgeschiedenheit des circa 15 Kilometer langen Sandstreifens geben historische Reiseberichte. So bezeichnet Franz Poppe in der Septemberausgabe der Zeitschrift »Globus« 1872 das Saterland als »Auge im Moore« und malt das Bild eines Völkchens, das sich dank »gänzlicher Abgeschlossenheit« seinen »friesischen Charakter [...] in fast ursprünglicher Reinheit« erhalten hat. Im Norden ging der Dünenboden »in feuchte,

Moore im flachen Land - und mittendrin liegt Saterland.

niedrige Moorwiesen über«, und auch von Süden aus war die Insel noch in der ersten Hälfte des 19. Jahrhunderts völlig unerreichbar, bevor man, während der kurzen napoleonischen Fremdherrschaft, einen Sandweg durch das sumpfige Gelände legte. Die einzige Möglichkeit der Anfahrt war per Schiff über die Sater-Ems, gespeist von den Quellflüsschen Ohe und Marka.

KEIN WUNDER ALSO, ...

... dass sich nur wenige Seelen in diese ostfriesische Enklave inmitten ungastlicher Moräste verirrten. In Band 2 seiner Monografie »Die Marschen und Inseln der Herzogthümer Schleswig und Holstein« beklagt Johann Georg Kohl 1846, dass es 50 Jahre her sei, dass der letzte Gelehrte, ein Pastor namens Hoche, ins Saterland gereist sei, und dessen Nachrichten seien »sehr weitschweifig und doch im Ganzen nur dürftig« gewesen. So hielten sich lange Zeit unfeine Gerüchte über die Saterländer, etwa dass sie nackt in Erdhütten lebten, aus Trögen äßen und über dem Kaffeetisch ein Stück Zucker an einem Faden hängen ließen, um ihn beim Trinken von Mund zu Mund zu reichen.

Solche Gebräuche werden heutige Reisende genauso wenig vorfinden wie damalige, das Erbe des Saterlandes wird auf andere Weise gepflegt. Besonders identitätsstiftend ist die Sprache, die dank verschiedener Spracherhaltungsinitiativen von rund 1000 Menschen gesprochen und von weiteren 2000 verstanden wird, so die aktuelle Schätzung. Nach dem Zweiten Weltkrieg sah es durch die Aufnahme von etwa 200 Flüchtlingen so aus, als würde das Hochdeutsche die letzten friesischen Relikte verdrängen. Zudem darf man nicht vergessen, dass in der Umgebung auch das Niederdeutsche, besser bekannt als Plattdeutsch, verbreitet war und ist, doch wurde dieses im Saterland als »sozial minderwertig« angesehen. Wer den Saterländer Lehrpfad am Ententeich in Sedelsberg entlangwandert, kann sich auf den Infotafeln mit dem Saterfriesischen vertraut machen, und auch die Ortsschilder sind zweisprachig gehalten. Seit 1991 hat das Saterland eine eigene Flagge, die mit ihrem goldenen Feld (Sand!) zwischen zwei blauen Streifen (Wasser!) sogar den Inselcharakter einfängt. In der Mitte thront Karl der Große, dem die Saterfriesen angeblich ihre Freiheiten verdankten, weil sie ihm in der Schlacht bei Rom beistanden. Und das Trachtentragen, das laut den Mitteilungen von Franz Poppe & Co. schon im Aussterben begriffen war, wird u.a. von einer Volkstanzgruppe wiederbelebt, die regelmäßig am europäischen Folklorefestival Europeade teilnimmt. Sogar konfessionell spielt das katholisch geprägte Saterland in dieser Region eine Sonderrolle. »Älke Fúgel gefaalt sien Näást«, wie man hier sagt: Jedem Vogel gefällt sein Nest. Dass dieses Nest allmählich im Moor versinkt, ist nicht abzusehen.

BONUS FÜR INSELFANS:

Aus dem Nebensee des beliebten Badegewässers Hollener See ragen vier baumbewachsene Inselchen, die streng genommen Binneninseln zweiten Grades sind, zumindest wenn man das Saterland nach wie vor als Insel betrachtet – und warum sollte man das nicht tun?

Binnenforscherinnen

Hier gibt's nichts mehr zu meckern

Lankenauer Weserinsel | Weser | Bremen
80.000 m²

53° 6' 32" N
8° 44' 23" O

64 - Lankenauer Weserinsel

Das Ergebnis einer Kreuzung aus Kaschmir-, Angora- und Deutscher Weißer Edelziege ist langhörnig und fellig.

AN DER SPITZE DES RELATIV NEUEN BREMER STADTTEILS ÜBERSEESTADT …

… steht ein stillgelegter Leuchtturm von zwölf Metern Höhe, liebevoll »Mäuseturm« genannt (jedoch ohne grausige Hintergrundgeschichte wie beim gleichnamigen Bingener Bauwerk S. 10), der ein beliebtes Ziel für Ausflügler ist. Von diesem »Molenfeuer Überseehafen Süd«, so der offizielle Name, hat man einen erbaulichen Blick auf die Weser. Unmittelbar vor einem erstreckt sich die kleine Werftinsel, zur Linken befindet sich die Landzunge Lankenauer Höft, die mit dem Bus angefahren oder, kommt man vom erholsamen Weseruferpark, zu Fuß erreicht werden kann. Von der ehemaligen Gaststätte auf dem Lankenauer Höft – zurzeit laufen Pläne für eine Wiederbelebung des Areals als »Mallorca Bremens« – konnte man die Weserinsel, um die es hier geht, am besten erspähen. Von vielen einfach nur »die Insel« genannt, setzte sich vor wenigen Jahren fast der Name »Ziegeninsel« durch, doch der entsprechende Beweggrund verschwand inzwischen leider.

Zwischen Industrie- und Neustädter Hafen liegt mitten in Bremen die menschenleere, kleine Insel mitten in Bremen.

Von 2006 bis 2013 waren die einzigen Bewohner der Insel: weißfellige, langhörnige Ziegen. Die Herde hatte sich nicht hierher verirrt, sondern wurde im Rahmen eines außergewöhnlichen Projekts angesiedelt. Der Bremer Bund für Natur und Umweltschutz (BUND) brachte zehn Exemplare der Kaschgora-Ziege – eine Kreuzung aus Kaschmir- und Angora-Ziege – auf die Lankenauer Weserinsel, damit diese als natürliche Rasenmäher dafür sorgten, dass sich Sand und kurzes Gras liebende Brutvögel hier niederließen. Insbesondere hatte man die Möwenkolonie im Auge, die wegen fortschreitender Bebauung aus der nahen Überseestadt vertrieben zu werden drohte. Die Gefahr, dass die Paarhufer davonschwammen, bestand nie, denn sie sind wasserscheu, und die Wellen der Weser können an dieser Stelle schon mal beängstigend wild werden. Zaunbau oder eine sonstige künstliche Begrenzung war also nicht nötig, nur ein kleiner Drahtverschlag für etwaige ärztliche Behandlungen musste in Ufernähe errichtet werden. Eine Win-win-Situation: Der hiesige Sandmagerrasen blieb erhalten, Verwaldung wurde verhindert, und die Kaschgoras hatten stets genügend Futter – nur ergänzt von gelegentlichen

Salzleckstein-Gaben. Diese Snacks brachte der Initiator und Betreuer des Projekts auf die Insel. Zwei- bis dreimal pro Woche fuhr er mit seinem Boot hinüber, vor allem um nach dem Rechten zu sehen und angeschwemmten Müll zu entfernen, damit die Ziegen diesen nicht fraßen. Bis auf eine Schulklasse hin und wieder verirrte sich keine Menschenseele auf die Insel, das Betreten ist bis heute tabu. Als der BUND-Mitarbeiter im Oktober 2013 seinen Dienst aus Altersgründen aufgeben musste, fand sich kein Nachfolger, und die Ära der Ziegen war beendet.

Die Bilanz fiel positiv aus, lediglich die Population einiger Insektenarten wurde durch den fortwährenden Ziegentritt dezimiert, und auch die erhoffte Besiedlung durch Sturmmöwen blieb aus. Dennoch fühlen sich auf der Ziegeninsel zahlreiche gefährdete Vögel sowie seltene Heuschrecken und Schmetterlinge wohl.

DIE LANKENAUER INSEL IST IM ZUGE DES HAFENNEUBAUS IN DEN 1960ER-JAHREN ENTSTANDEN.

Dass sie bis heute keinen offiziellen Namen trägt, ist beklagenswert. »Ziegeninsel« wäre deutschlandweit so einmalig wie das Beweidungsexperiment.

Ein Analogon gibt es im Mittelmeer: Die Baleareninsel Cabrera wurde wie das dazugehörige Archipel nahe Mallorca nach der vorherrschenden Tiergattung benannt (spanisch *cabra* »Ziege«). Doch die hier angestammten Ziegen mussten vor einiger Zeit von der Insel fortgeschafft werden, weil sie sonst die ohnehin sehr karge Insel komplett kahlgeknabbert hätten. Dass auf Cabrera demnächst ein Eventzentrum als »Bremen Mallorcas« entstehen soll, ist ein unbestätigtes Gerücht.

Flora und Ziegen haben in ihrem ungestörten Miteinander ein eigenes Gleichgewicht gefunden.

Binnenforscherinnen

Was vom Ölrausch übrig blieb

Görmitz | Achterwasser der Ostsee | Usedom
Meck-Pomm | 991.400 m²

54° 1' 27" N
13° 55' 20" O

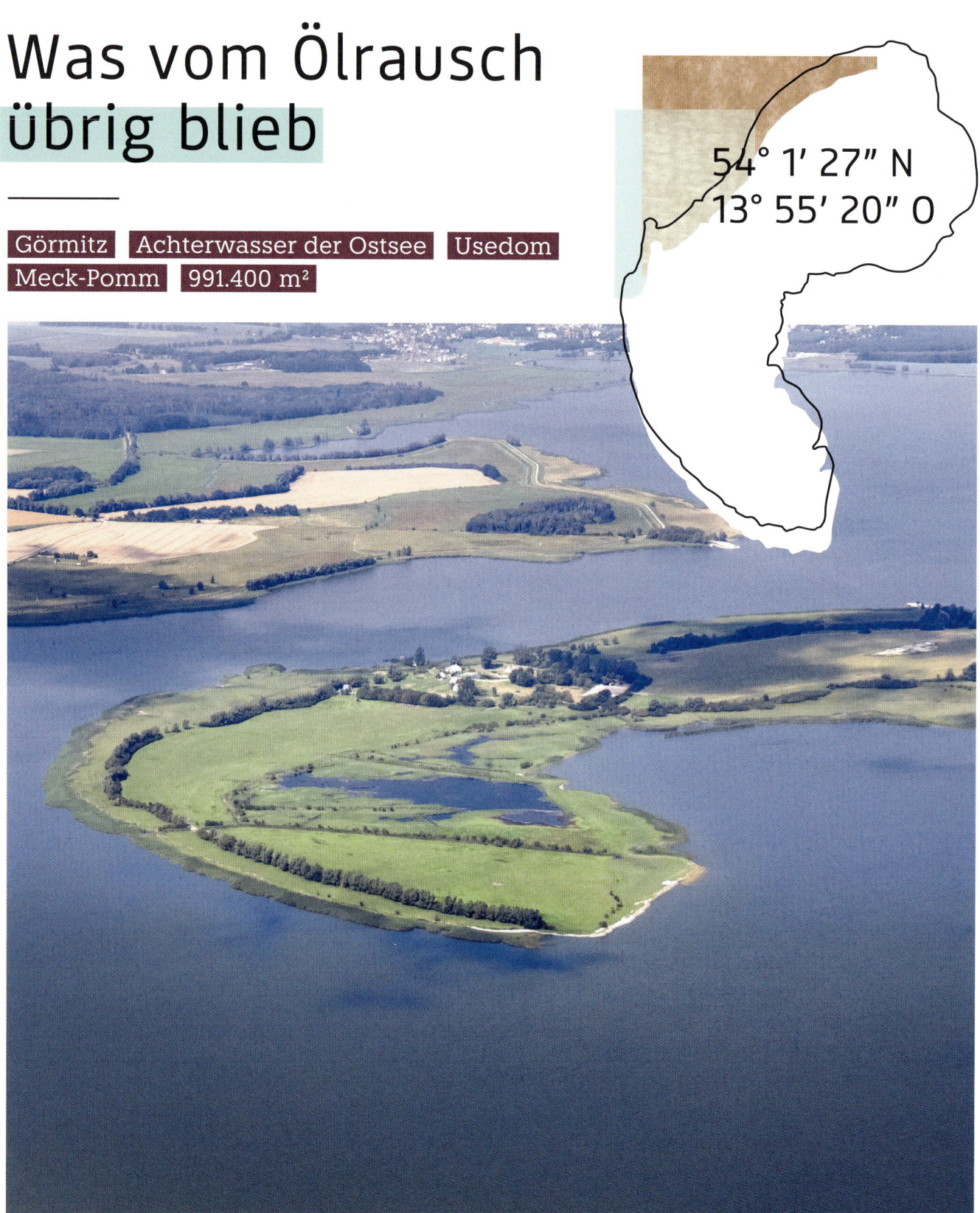

Nach dem Rausch - die Wiesen wachsen, als wäre nie etwas gewesen.

IM JAHR 2020 WURDEN IN DEUTSCHLAND 1,9 MILLIONEN TONNEN ERDÖL GEFÖRDERT.

Geografisch konzentriert sich die Förderung auf den Norden der Republik. Zwar steuerte Rheinland-Pfalz immerhin 8,68 % des gesamten Erdöls bei, doch kam der Löwenanteil aus Niedersachsen (31,17 %) und Schleswig-Holstein (56,98 %). Die übrigen Bundesländer sind vernachlässigbar, allerdings sollte Mecklenburg-Vorpommern nicht unter den Tisch gekehrt werden, war das Gebiet doch vor 1990 energiewirtschaftlich durchaus bedeutend: Die Erdöllagerstätte von Lütow auf Usedom war die größte und wichtigste ihrer Art in der DDR. Bereits vier Jahre nach dem Fund des Feldes war das Fördermaximum von 220.000 Tonnen Rohöl pro Jahr erreicht. Heute gilt das Lütower Ölvorkommen als so gut wie erschöpft, aber der Betrieb hält an. 2019 wurden immerhin noch 2100 Tonnen von vier »Pferdeköpfen« – den charakteristischen, eher an Texas erinnernden Pumpen – nach oben geholt, und die Förderrate soll in den nächsten Jahren sogar wieder erhöht werden.

Die Gemeinde Lütow liegt auf der Halbinsel Gnitz und setzt sich aus vier Ortsteilen zusammen. Der interessanteste ist Görmitz – eine flache, sich gerade einen Meter aus dem Wasser erhebende Insel, die von der 340 Meter entfernten Landzunge Gnitz durch den Twelen genannten Wasserarm getrennt wird. Man könnte dagegen Einspruch erheben, dass Görmitz in diesem Buch geführt wird, aber wenn man bedenkt, dass das Achterwasser eine Lagune des

Vom Wasser aus kann man in ehrfürchtigem Abstand die intakte Vogelwelt der Insel bestaunen.

Peenestroms ist und, nur durch eine Nehrung abgeschnitten, nahezu komplett von der Ostseeinsel umschlossen wird, ist es alles andere als abwegig, es als Binnengewässer zu betrachten.

UND WAS HAT DAS NUN ALLES MIT ERDÖL ZU TUN?

Die 150 Hektar große Lagerstätte erstreckt sich nicht nur über den Gnitz, sondern auch, unter den Twelen hinweg, bis zu einem Teil der Görmitz, weswegen auch hier ab dem Ende der 1960er-Jahre Öl gefördert wurde. (Tatsächlich trug die erste Bohrung auf Gnitz den leicht irritierenden Namen »Görmitz 1«.) Auf der Insel selbst wird längst keine Ölförde-rung mehr betrieben, und die einzige Pumpe wurde kurz nach der Wiedervereinigung entfernt. Der 600 Meter lange Damm von und zu der Halbinsel im Westen, der zu Transportzwecken aufgeschüttet worden war, wurde 2016 abgetragen, manchen gilt Görmitz erst seitdem wieder als richtige Insel. Diese Wiedereröffnung des Twelen konnte dessen natürliche Durchströmung wiederherstellen, die Sedimentation der vergangenen Jahrzehnte rückgängig machen und das Verbreitungsgebiet des Fischotters vergrößern.

Fast das gesamte Inselgebiet mit seinem friedvollen Schilfgürtel steht unter Naturschutz. Besuche, bei denen man Graureiher, Bekassinen, Sperbergrasmücken oder sogar Seeadler erspähen kann, sind eingeschränkt möglich, praktikabel ist jedoch das Umrunden mit Kajak oder Segelboot. Wer sich in der Nacht vor dem Dreikönigstag auf Görmitz aufhält, wird womöglich Zeuge, wie »drei Lichter wie Feuerblasen aus dem salzigen Meere und aus dem frischen Haffe« emporsteigen, zu einem Dornbusch nahe dem Dorf Neuendorf schweben und über diesem tanzen, bevor sie darin verschwinden. So zumindest berichtet es der pommersche Historiker Thomas Kantzow in seiner Chronik aus dem 16. Jahrhundert. Seit der Reformation sollen die Erscheinungen aber nicht mehr so häufig zu sehen sein …

Spuren menschlicher Besiedlung reichen zwar bis ins Neolithikum zurück, sind aber heute spärlich. Das Mohlenfeuer im Süden ist außer Betrieb, die Gebäude des ehemaligen Kinderferienlagers des VEB Nachrichtenelektronik Greifswald sind dem Verfall ausgesetzt. Zwischenzeitlich gab es Pläne für eine Ferienwohnungsanlage, doch die haben sich spätestens mit dem Rückbau des Dammes zerschlagen. Die Firma Siemens, die Görmitz nach der Wende übernommen hatte, konnte mit ihr auch nicht viel anfangen und stieß sie 2006 ab. Seitdem ist lediglich ein Gehöft intakt und wird von dem derzeitigen Privatbesitzer der Insel für die Rinderhaltung verwendet – in guter Tradition: Das alte Adelsgeschlecht derer von Lepel, das Görmitz 700 Jahre als Lehen hielt, ließ sein Vieh hier ebenso weiden wie der Eigentümer aus Düsseldorf ab 1937, und auch die Flüchtlinge, die nach Kriegsende auf der Insel landeten, widmeten sich neben der Agrar- der Viehwirtschaft. Alte Chroniken bezeichnen Meiereien übrigens mit dem norddeutschen Ausdruck »Holländerei«.

Binnenforscherinnen

Dem Sonnengott huldigen

Hanfwerder Lieps Mecklenburg-Vorpommern
20.000 m²

53° 27′ 26″ N
13° 10′ 15″ O

Die Kühe kümmert es nicht, ob das winzige Kietzwerder nun in der Lieps versinkt oder nicht.

ZWEI WERDER RAGEN AUS DER LIEPS BEI NEUBRANDENBURG:

Hanfwerder und Kietzwerder. Beide waren in nicht allzu grauer Vorzeit ein gutes Stück größer und hatten sogar eine dritte Schwester mit dem Namen Binsenwerder. Doch im 13. Jahrhundert griffen die Menschen beachtlich ein, indem sie sowohl die Lieps als auch den nördlich gelegenen Tollensesee um einen Meter anstauten. Um eine Mühle am Ufer betreiben zu können, mussten die Siedlungen auf allen drei Inseln aufgegeben werden, Binsenwerder ging vollständig in die Binsen, i.e. unter.

Der Pegelstand ist alles andere als fix. Seit einigen Jahren droht das dem Jagdschloss Prillwitz vorgelagerte Eiland Kietzwerder ebenfalls zu versinken. Es wird eng. Daher verlassen immer mehr Kormorane (Wie oft werden uns diese

Das rechte Inselchen ist Hanfwerder, deutlich kleiner, und links liegt Kiezwerder in der Lieps.

Hanfwerder - 73

Viecher wohl auf unserer Reise begegnen?) das von den Medien »bizarre Toteninsel« genannte Eiland – dessen Vegetation durch Vogelkot ohnehin stark ausgedünnt worden ist – und machen sich auf den Weg nach Hanfwerder – zu neuen Brutplätzen.

SOLLTEN DIE VÖGEL IM DORTIGEN ERLENBRUCHWALD WURZELN SCHLAGEN, ...

... droht Hanfwerder als nächstes unter ihren Hinterlassenschaften zu versinken. Und mit ihr das Geheimnis, ob es sich bei der durch Ausgrabungen entdeckten Inselburg aus dem 11.–13. Jahrhundert um das legendäre elbslawische Rethra handelte, das als Kultplatz, Adelssitz und politisches Zentrum gedient haben soll. Einen zweifelsfreien Nachweis für diese These gibt es noch nicht, doch spricht vieles dafür. Die Kultstätten der Slawen waren oft dem Wasser zugewandt, meist in Richtung Osten, sie lagen auf Kaps oder leicht erhöht. Offenbar waren sie dem Sonnengott Svarog geweiht, und es war wichtig, einen guten Blick auf die aus dem »Meer« steigende Sonne zu haben. Der Chronist Adam von Bremen verortete das Heiligtum, in dem die »Redarier« ihren Hauptgott auch mit Menschenopfern verehrt haben sollen, in einem tiefen See. Im Tollensebecken scheint man davon überzeugt zu sein, dass Rethra irgendwo hier oder in der Nähe zu lokalisieren ist, nicht umsonst fährt ein gleichnamiges Linienschiff über den Tollensesee und heißt der örtliche Amateurfußballverein SC Rethra Neubrandenburg. Lohnende Wanderungen rund um die Lieps regen die Fantasie an: Wie ging es wohl zu in der Mecklenburgischen Seenplatte zur Zeit der slawischen Völker, von denen wir schändlicherweise so wenig wissen?

Der Tollensesee, nördlich der Lieps.

Binnenforscherinnen

Bäume statt Klostermauern

Namenlose Insel | Amtssee | Brandenburg
4.230 m²

52° 53' 43" N
13° 53' 15" O

76 – Namenlose Insel im Amtssee

Der am besten erhaltene Teil des Klosters Chorin gruppiert sich um den Kreuzgang.

KLÖSTER AUF BINNENINSELN SIND ÜBER DEN GANZEN ERDBALL VERSTREUT, ...

... und auch im deutschsprachigen Raum sind einige zu finden: Die Frauen- und die Herreninsel im Chiemsee begegnen uns noch (S. 164), erwähnenswert sind auch St. Bartholomä am Königssee, das Schweizer Kloster Rheinau auf einer Rheininsel sowie die Klosterinsel Werd im Bodensee.

Begibt man sich von der Klosterruine zu Chorin zum nahe gelegenen Amtssee, könnte man spontan fragen: Warum haben sich die Mönche nicht hier niedergelassen? Eine Sekunde später jedoch sieht man ein, dass dieses Inselchen zu klein und darüber hinaus bodentechnisch ungeeignet für eine derartige Bebauung ist. Aber zumindest könnten die Zisterziensermönche ganz kurz mit dem Gedanken gespielt haben, sie als neuen Standort zu erkiesen. Sofern die Insel im Jahr 1273 überhaupt schon existiert hat.

Denn 15 Jahre vorher hatten sie tatsächlich auf einer Insel in der Nähe mit dem Bau begonnen: Das Kloster Mariensee sollte im Parsteiner See auf dem Pehlitzwerder entstehen, der heute eine Halbinsel ist, damals aber wegen des höheren Wasserpegels vom See umschlossen war. Die Zisterzienser waren dabei nicht die ersten Grundstücksbesitzer, vor ihnen saß hier das uralte Adelsgeschlecht der Askanier (aus dem das Haus Anhalt hervorging), und zuvor hatte ein Stamm der Slawen – deren Vorliebe für Inseln sich inzwischen herauskristallisiert haben sollte – eine Wallanlage errichtet. Noch während der Bauarbeiten schien den Mönchen klar zu werden, dass der Parsteiner See mit sei-

Rund um den Amtssee kann man sich auf Forschungstour begeben. Klostergemäuer und Wälder wechseln sich ab.

nem schwankenden Wasserspiegel eine glücklose Wahl war. Acht Kilometer südwestlich fanden die Mönche ihr Ersatz-Zuhause, traditionell auf dem Grundstück einer ehemaligen slawischen Siedlung. Vorübergehend existierten beide Filiationen parallel, von dem nie vollendeten Bauwerk auf dem Pehlitzwerder blieben noch bis in die 1960er-Jahre einige Mauerreste stehen, die dann als Bausubstanz von Bewohnern der Gegend abgetragen wurden.

SCHON BALD NACH IHRER ANKUNFT ...

... am Amtssee begannen die Mönche, die Wasserlandschaft aufwendig umzugestalten. Der Fluss Ragöse, der natürliche Abfluss des Sees, war zu mickrig für den Antrieb der klostereigenen Mühlen, sodass die Brüder einen Graben bis zum Weißen See, der damals in den Parsteiner See überging, anlegten: den heutigen Nettelgraben. Im 15. Jahrhundert mussten sie dann wegen Wasseranstiegs mittels Durchstich und Trockenlegung die Ragöse umleiten. Das Leben am See war also mit viel Stress verbunden, dem die Zisterzienser mit ihrem selbst angebauten Wein hoffentlich ein Stück weit beikommen konnten.

Wenige Jahre nach der Reformation Brandenburgs wurde das Kloster dann säkularisiert, eine Weile verpachtet, dann mehr oder weniger dem Verfall preisgegeben. Nach dem Dreißigjährigen Krieg bediente man sich munter an den übrig gebliebenen Steinen. Das einstige Brauhaus wurde als Viehstall zweckentfremdet. Und es bedurfte der Eingaben bedeutender Architekten, dass die Klosteranlage anfangs des 19. Jahrhunderts gesichert und schließlich teilweise rekonstruiert wurde. Theodor Fontane war bei seiner Wanderung durch die Mark Brandenburg jedenfalls wenig angetan von der zwar »baulich schönen Ruine«, welcher aber »das eigentlich Malerische« abgehe. »Alles fehlt, selbst das eigentlich Ruinenhafte der Erscheinung«, hält er im Eintrag »Kloster Chorin, wie es ist« fest, »so daß, von gewisser Entfernung her gesehen, das Ganze nicht anders wirkt wie jede andere gotische Kirche, die sich auf irgendeinem Marktplatz irgendeiner mittelalterlichen Stadt erhebt. Nur fehlt leider der Marktplatz und die Stadt. Und treten wir nun in die öden und doch wiederum nicht malerisch zerfallenen Innenräume ein, so fehlt uns eines mehr als alles andere.«

Die Innenräume sind heute weder öde noch zerfallen, dafür sind sie durchaus malerisch und laden ein, in einer Dauerausstellung die verschiedenen Zustände des Komplexes nachzuvollziehen und vieles mehr zu erfahren. Außerhalb der Mauern, in denen regelmäßig Konzerte stattfinden und schon drei Märchenfilme gedreht worden sind (zuletzt 2016 ein Remake von »Das singende, klingende Bäumchen«), erwartet Ausflügler außerdem eine Fülle landschaftlicher Reize, nicht zuletzt eben der Amtssee. Der ist Teil des 1291 km² großen Biosphärenreservats Schorfheide-Chorin, keine Stunde Bahnfahrt von Berlin entfernt, und lässt sich zu Fuß bequem umrunden. Obacht: Auch wenn das Betreten der Insel nicht explizit untersagt ist und das Wasser klar genug zum Schwimmen ist, ist der Amtssee kein Badesee. Und man sollte wissen, dass lange Zeit eine Gedenkplatte am Ufer an das 1893 ertrunkene junge Fräulein Siems aus Berlin erinnerte. ▍

Seit 1273 siedelten die Zisterzienser in Chorin.

Binnenforscherinnen

Eine Insel sieht schwarz

Rabeninsel Saale Sachsen-Anhalt
410.000 m²

52° 34' 17" N
13° 14' 43" O

80 - Rabeninsel

Verschiedene Vertreter der Familie der Rabenvögel tummeln sich in der Saaleaue.

WER AM ENDE DES 19. JAHRHUNDERTS IN LEIPZIG ODER MAGDEBURG EINE TAUBE …

… auf dem Markt erstanden hatte, um Taubenbraten oder Täubcheneintopf zuzubereiten, war mit nicht geringer Wahrscheinlichkeit einem Betrug aufgesessen – und hatte sich in Wahrheit eine gerupfte Saatkrähe andrehen lassen. Ein kulinarischer Reinfall wäre das trotzdem nicht gewesen: In regionalen Gaststätten zahlte man gutes Geld für Krähenfleisch, und für die ärmere Bevölkerung stellten Krähen damals eine kostenlose Nahrungsoption dar. Aber warum war der Vogel in der Umgebung von Halle plötzlich in aller Munde? Die Antwort ist: Er war schon immer da gewesen. Die Rabeninsel gegenüber dem Dorf Böllberg, das erst 1920 der Stadt Halle eingemeindet wurde, war seit Langem für ihre beängstigend große Rabenpopulation bekannt. Schon in einer Chronik von 1755 wird vermerkt,

Die Rabeninsel liegt nur ein paar Kilometer südlich des Zentrums von Halle an der Saale.

dass der Werder den Spitznamen »Krähenholz« verpasst und einen eigenen Aufseher des königlichen Forstamtes zugeordnet bekommen hatte.

1885, inzwischen hatte sich der Name »Rabeninsel« durchgesetzt, wurde es den Behörden schließlich zu bunt bzw. zu einfarbig. Bis zu 50 Nester befanden sich auf einzelnen Bäumen, und deren Bewohner blieben keineswegs den ganzen Tag lang darin sitzen. Der Hallesche Verschönerungsverein hatte im selben Jahr mit der Ausbesserung der Wege begonnen, und die in Scharen anreisenden Tagesausflügler wurden von den Tausenden Rabenvögeln zwar noch nicht à la Hitchcock angegriffen, beobachteten bei den Tieren aber weit weniger Zurückhaltung und Menschenscheu als andernorts. Also wurde das Auslegen von Giftködern verfügt, wogegen der örtliche Tierschutzverein Einspruch erhob und daraufhin ermächtigt wurde, durch gezielten Abschuss und Eierwegnahme Abhilfe zu schaffen. Um ganze 20.000 Exemplare soll man Schätzungen zufolge den Bestand zwischen 1889 und 1890 dezimiert haben. Allein der Nestausnehmer des Tierschutzvereins soll knapp über 4000 Eier eingeheimst haben, und unter kletteraffinen Jungs wurde Eierdiebstahl während dieser Zeit zur liebsten Freizeitbeschäftigung.

Langfristig waren all diese Bemühungen wenig erfolgreich. Zum Glück! Im Wald des Naturschutzgebietes »Rabeninsel und Saaleaue bei Böllberg« überwintern heute jährlich zwischen 20.000 und 40.000 Rabenvögel. Neben Dohle, Nebelkrähe & Co. nisten hier auch Vogelarten wie der Eisvogel, der Waldkauz, Schwarz- und Rotmilan und Wespenbussard. Zu der vielfältigen übrigen Fauna gehören Füchse, Rehe, Fledermäuse, Ringelnattern, Wildschweine – und zunehmend Nutrias. Die Biberratten wurden nach der Wende von Züchtern wegen Unrentabilität ausgesetzt und vermehrten sich so stark, dass Jagdbehörde und Veterinäramt im Jahr 2013 sogar vor einer Plage mit Uferschäden als Folge des Höhlenbaus warnten.

NICHT MINDER DIVERS IST DIE PFLANZENWELT:

Holunder, Bärlauch, Giersch gedeihen hier neben Brennnessel und Haselnuss. Zum Baumbestand von Halles ältestem Auenwald zählen Eiche und Kastanie, gegen Ende des 19. Jahrhunderts waren es überwiegend Eschen und Ulmen, die innerhalb der Oberförsterei Schkeuditz den ergiebigsten Holzvorrat lieferten. Zuletzt musste die Stadt gezielt invasive Neophyten wie Eschen-Ahorn und Robinie entfernen lassen.

Die geschützte Natur ist somit heute der Attraktivitätsfaktor Nummer eins. Die goldene Ära des Amüsements, die vor rund 150 Jahren ihren Höhepunkt erreicht hatte, als gleichzeitig drei Einkehrmöglichkeiten um Gäste buhlten, war spätestens 1992 vorbei: Da schloss das 1862 eröffnete »Etablissement Kurzhals«, welches nach mehreren Umbauten bis zu 900 Leuten Platz geboten hatte und zeitweise mit einem Biergarten, einem Musikpavillon und einer Kindereisenbahn lockte. Mit dem Restaurations- wurde auch der Fährbetrieb eingestellt. Der ehemalige Fährmann lebte nach seiner Pensionierung noch bis in die 2010er-Jahre gemeinsam mit seiner Frau, die sich mit dem Titel »Halles dienstältste Schleusenwärterin« schmücken durfte, auf der Rabeninsel. Sie waren die einzigen dauerhaft ansässigen Menschen auf der heute unbewohnten Saale-Insel, auf der schon Hans-Dietrich Genscher einen Lieblingsplatz gehabt haben soll. Von den Zeiten der Sommernachtsbälle und Konzerte ist kaum noch etwas übrig, zaghafte gastronomische Wiederbelebungsversuche verliefen im Sande. 2020 wurden die letzten Spuren des 1850 eröffneten Insel-Schlösschens beseitigt, das bis 1956 als Pionierferienlager gedient hatte. Statt mit der Fähre erreicht man die Insel heute über zwei Brücken, beide führen von Osten her über die »Haupt«-Saale; der sie im Westen begrenzende Nebenarm wird Wilde Saale genannt.

BEVOR DAS »KRÄHENHOLZ« SEINEN NAMEN BEKAM …

… und noch bevor es, im 16. Jahrhundert, als Müllhalde genutzt wurde, gehörte es dem Kloster Neuwerk, gegründet 1116 vom Orden der Augustinerchorherren, den es noch heute gibt, während das Stiftsgebäude ebenso verschwunden ist wie das Gebäude des Zisterzienserklosters Marienkammer, in dessen Besitz die Insel irgendwann nach 1291 fiel.

Von klösterlicher Ruhe über beschwingten Tagestourismus zurück zum wildwüchsigen Idyll: Das Eiland blieb über die Jahrhunderte hinweg, wie man in diesem Landstrich sagt, »e Barredies«. Nicht nur für Saatkrähen.

Binnenforscherinnen

Am Ende des Tagebaus

Namenlose Insel | Senftenberger See
Brandenburg | 3.000.000 m²

51° 30' 0" N
14° 1' 0" O

84 - Insel im Senftenberger See

Eine Wassertiefe von bis zu 22 Metern erreicht der Senftenberger See.

BEGINNEN WIR MIT EIN PAAR ZAHLEN:

11,6 Quadratkilometer groß ist die reine Wasseroberfläche des Senftenberger Sees. Sein Ufer erstreckt sich über eine Länge von 15 Kilometern. Er erreicht eine Tiefe von bis zu 22 Metern. Das Wasservolumen beträgt 62 Millionen Kubikmeter – in Litern ist das eine 62 mit neun Nullen. 80 Millionen Kubikmeter waren für die Erstflutung nötig. Diese Flutung mit Wasser der Schwarzen Elster begann im Jahr 1967, zunächst mit »nur« 60 Kubikmetern pro Minute, und dauerte sieben Jahre.

Die Definition, wann eine Insel als solche gelten darf, stößt im Senftenberger See offensichtlich an ihre Grenze.

Und diese Meisterleistung war nur eine von vielen des Megaprojekts zur Schaffung der größten künstlichen Seenlandschaft Europas. Geflutet wurde dabei der Braunkohletagebau Niemtsch – Teil des Lausitzer Bergbaureviers, das seit den 1920er-Jahren eine immense Rolle in der Energieversorgung Deutschlands spielte. Bis 1945 kam ein Viertel der deutschen Braunkohle aus dem Lausitzer, damals noch »Ostelbischen«, Braunkohlerevier. Der Tagebau Niemtsch, benannt nach dem Senftenberger Ortsteil (sorbisch Nimješk), wurde geflutet, nachdem es Ende der 1950er-Jahre erst zu Verschüttungen von Gleisanlagen und dann zu einem verheerenden Feuer gekommen war. Die Flutung ab 1967 war kurioserweise nicht einmal die erste, denn bereits in den letzten Kriegstagen wurden Teile des Reviers in einem »Verzweiflungsakt« überschwemmt, jedoch so halbherzig, dass die Kohleförderung schon Ende 1945 wieder aufgenommen werden konnte.

ABGESCHLOSSEN IST DAS KAPITEL INDES NOCH LANGE NICHT, …

… das Thema Ausstieg nach wie vor ein Politikum: Die Lausitz ist nach dem Rheinland das zweitgrößte Braunkohlerevier der Republik, und das mit nur mehr vier aktiven Tagebauen. Die meisten der ehemals rund 30 Tagebaue sind stillgelegt, und dass die Gegend um die sächsisch-brandenburgische Grenze nicht wie eine lebensfeindliche Kraterlandschaft wirkt, liegt an dem Bemühen, aus den buchstäblich untergegangenen und untergehenden Energiegewinnungsstätten attraktive Erholungsgebiete zu machen. Die Flutung wird sich wohl noch bis 2050 hinziehen, doch schon heute ist die Lausitzer Seenkette Europas größte künstliche Wasserlandschaft, und die neun größten Standgewässer Sachsens, angeführt vom Bärwalder See mit 13 Quadratkilometern, sind auf diese Weise entstanden.

Die Auffüllung extrem voluminöser Tagebaurestlöcher mit Wasser war und ist im Übrigen alternativlos, denn welche Substanz stünde sonst in so schwindelerregend hohem Maße zur Verfügung? Dass der Mensch die künstlichen und doch irgendwie natürlichen Wasserbecken weiter zu nutzen weiß, ist ein netter Nebeneffekt, der peu à peu eine »Märkische Riviera« hervorbrachte und zum Beispiel aus der »Grube Hindenburg« die »Kleine Ostsee« entstehen ließ (nahe dem Welzower Ortsteil mit dem kaum Badespaß verheißenden Namen Sibirien) … Der Senftenberger See steht exemplarisch für ein touristisches Großprojekt, das bereits zu Zeiten des Realsozialismus vorangetrieben wurde. Rund 200 Institutionen und Betriebe waren in den 1970er-Jahren an der Ausgestaltung der »Badewanne Dresdens« beteiligt.

Auf dem Senftenberger See kann Motor-, Ruder-, Tret-, Paddel-, Segelboot und Floß gefahren werden. Surfen und Kitesurfen sind ebenso möglich wie Tauchen. Sandstrände gibt es über das gesamte Ufer verteilt. Die wasserreiche Landschaft lockt nicht nur Menschen an, sie ist auch für Pflanzen und Tiere ein veritabler Tummelplatz. Und damit sind wir bei der namenlosen Insel im See angekommen. Selbstverständlich gab es Überlegungen für Hotels auf der teils aufgeforsteten Insel, doch ist das Bebauen von Tagebaukippen immer mit Schwierigkeiten verbunden. Und so lässt man lieber der Flora und Fauna freien Lauf. Seit 1981 ist die Insel Naturschutzgebiet, unter anderem gedeiht hier der seltene, nährstoffarmes Seewasser liebende Europäische Strandling. 70 Vogelarten von Blessgans bis Seeadler und doppelt so viele Schmetterlingsarten sind gesichtet worden. Auch Säugetiere wie Fischotter und Wildschwein sind gern zu Gast – Letztere verursachen allerdings mit ihrem Getrampel auch schon mal Rutschungen, die wie etwa 2018 dafür sorgen können, dass kleinere Inseln vollständig verschwinden. Denn das Senftenberger Eiland ist keine kompakte Landmasse mit klarem Umriss – beim Betrachten von Satellitenaufnahmen drängen sich Vergleiche mit Dubais künstlichem Archipel Palm Jumeirah auf –, sondern eine Hauptinsel mit zwei Inselkernen plus rund 30 kleinen Nebeninseln, von denen einige bloß als Sandbänke betrachtet werden. Solche fragilen künstlichen Gebilde sind immer wieder Veränderungen ausgesetzt, nicht nur durch das Zutun von Wildschweinrotten. Unterspülungen durch Extremwetter oder sogenanntes Setzungsfließen infolge von Wasserpegelveränderung sind keine Seltenheit und machen Korrektur- und Sanierungsmaßnahmen nötig, die leider oft mit Sperrungen längerer Strandabschnitte einhergehen. Schutz des Inselbiotops und vor Gefahren sowie Rücksicht auf die vom Tourismus abhängigen Menschen gilt es gegeneinander abzuwägen. Wie so oft. ▪

Von dem Aussichtsturm am Südufer des Sees aus hat man nichts als Wasser und Wald vor Augen.

Binnenforscherinnen

Birkenwasser schützt vor Gicht, nur vor wilden Vätern nicht

Nixeninsel Rossendorfer Teich Sachsen
177 m²

51° 3' 43,7" N
13° 56' 12" O

Große Teile der Gegend um den Teich sind für die Öffentlichkeit gesperrt - das Federvieh freut es.

WOHNEN DER PRIESSNITZ MAGISCHE KRÄFTE INNE?

Auf diesen Gedanken könnte kommen, wer den knapp 26 Kilometern des zauberhaften sächsischen Flüsschens während einer empfehlenswerten, rund fünfstündigen Wanderung folgt. Ob die Prießnitz ihre wundersam vitalisierenden Eigenschaften dem Forschungszentrum Rossendorf, auf dessen Gelände sie entspringt, verdankt, ist schwer herauszufinden. Das Areal, auf welchem übrigens der erste Kernreaktor der DDR stand, ist für die Öffentlichkeit gesperrt. Aber seine Ursprünge reichen mit der Gründung 1956 ohnehin nicht weit genug zurück. Viel älter sind die Geschichten, die sich das Volk über den Rossendorfer Teich erzählt. Diesen durchfließt die Prießnitz, die teilweise auch unterirdisch verläuft, wenige Meter nach ihrer Quelle, weshalb in etlichen Texten fälschlicherweise behauptet wird, sie würde im Rossendorfer Teich entspringen. Vor einigen Jahren gab es Überlegungen, den Fluss zur Abschwächung seiner fortschreitenden Erwärmung zu verlegen, sodass er südlich des Teiches entlang fließen würde. Mit den großen Mengen von Bitumen unter dem fünf Hektar großen Gewässer erklärte man sich früher die Heilkraft der Prießnitz, die angeblich sogar die Gicht zu kurieren vermag.

Stoff für mehrere Legenden bietet auch die Insel in der Mitte des Rossendorfer Teiches. Gesichert ist, dass auf dem Eiland 1835 eine Jagdhütte errichtet wurde, die Entenjäger als Unterschlupf und Versteck nutzten. Der Wasservogel ist eine Konstante des Sees, zu DDR-Zeiten existierte in der Nähe eine Entenzuchtstation, außerdem betrieb der VEB Binnenfischerei hier Karpfenzucht. Allerdings ist die Insel weder nach einem Fisch noch nach einem Vogel benannt, sondern nach einem übernatürlichen Wesen: Sie heißt Nixeninsel oder auch Nixenhügel, und Nixenteich ist ein alternativer Name des Rossendorfer Teiches.

Forscht man in Sachsen nach Legenden um sagenumwobene Nixen, verschlägt es die Neugierigen zum Rossendorfer Teich.

Die Sage, die man sich noch heute erzählt, spielt in der spätheidnischen Zeit, als sich die ersten Christen in der Gegend niederließen. Diese Christenleute waren dem Tanz und Spiel sehr zugetan und feierten häufig Feste, bei denen regelmäßig ein ausnehmend attraktives Mädchen anwesend war, das alsbald die Aufmerksamkeit der örtlichen Jünglinge und die Eifersucht der Anwohnerinnen auf sich zog. Niemand wusste, wo die junge Frau herkam, nur fiel auf, dass die Unterkante ihres Rocks stets durchnässt war, als wäre sie durch kniehohes Wasser gewatet … Eines Abends schaffte es ein Bursche tatsächlich, die Schöne zu überreden, ihn mit zu sich nach Hause zu nehmen. Der junge Mann traute seinen Augen kaum, als sie ihn zum Nixenteich führte und das Gewässer durch das Schwenken eines Stocks teilte, sodass beide trockenen Fußes die Insel erreichen konnten. In der Hütte darauf wohnte die mysteriöse Fremde mit ihrem Vater, der in jener Nacht zum Glück nicht daheim war – denn würde er das Paar erwischen, wäre es um beide geschehen, versicherte das Mädchen dräuend. Als der Nixenvater überraschend heimkehrte, brüllte er: »Ich rieche Christen!« Seine Tochter versicherte ihm, das sei bloß der Restgeruch, den sie vom Fest mit nach Haus gebracht habe. Ihr Liebhaber versteckte sich währenddessen in einem Backtrog und wurde von ihr bei nächster Gelegenheit ans rettende Ufer zurückgebracht. Die zauberhafte Maid ward später nie wieder gesehen.

EINER SAGE VON 1690 ZUFOLGE SOLL AUF DER INSEL …

… früher eine Kapelle gestanden haben, die gelegentlich von Dominikanermönchen aufgesucht worden sei. Der dazugehörige Altar sei der heiligen Barbara geweiht gewesen. Das ist insofern interessant, als Barbara von Nikomedien der Legende nach von ihrem Vater Dioscuros getötet wurde, nachdem sie sich zum Christentum bekehrt hatte. Zuvor hatte Dioscuros seine wohl sehr hübsche Tochter in einen Turm gesperrt, um sie vor den ihr nachstellenden Männern zu verstecken. Vergleiche mit der Nixensage drängen sich auf: eine junge, begehrte Frau, deren Name übersetzt »die Fremde« lautet, und ein rachsüchtiger Vater, der nicht gut auf das Christentum zu sprechen ist. Nikomedien gleich Nixenmädchen? Obendrein soll sich bei Barbaras Fluchtversuch ein Felsen vor ihr aufgetan haben, so wie das Wasser im Rossendorfer Teich …

Wenn man schon bis zum Rocksaum in sagenhaften Spekulationen steht, kann man sich gleich noch eine weitere Sage vor Augen führen: Hin und wieder sollen des Nachts noch immer Mönche auf die Insel pilgern. Auf einem geisterhaften Einbaum suchen sie die längst verschwundene Kapelle auf, um der heiligen Barbara die Ehre zu erweisen. Auf der Prießnitz wurden die Geistermönche noch nicht gesichtet, sodass Wanderer dem Fluss beruhigt folgen können – zu großen Teilen durch das Landschaftsschutzgebiet Dresdner Heide, die sich Auswärtige weniger als strauchige Heidelandschaft à la Lüneburg vorstellen dürfen, sondern als dicht bewachsenen und ausgedehnten Stadtwald.

WO DIE PRIESSNITZ IHR BETT IN DIE LANDSCHAFT GEPFLÜGT HAT …

… und von gut drei Dutzend Zuflüssen gespeist wird, sind die Böden nährstoffreich und saftig, in Ufernähe wachsen Erle, Esche, Ahorn und eine Vielzahl anderer Bäume, dazu geschützte Krautarten. Neunaugen und andere mittlerweile seltene Fische leben in diesem Fluss, der erstmals 1441 (im Zusammenhang mit einer Brücke) als Breßynicz erwähnt wird, eine Zusammensetzung aus den slawischen Wörtern für »Birke« und »Ort«, was wohl den »Bach bei den Birken« meint, weswegen noch Anfang des 20. Jahrhunderts in Schriften vom »Birkenbach« die Rede ist. Beinah in einem Bierwerbespot wähnt man sich, wenn die Prießnitz gar einen Wasserfall (nun gut, mit einem Meter eher ein »Wasserfällchen«) hinabplätschert oder mehrere Mühlen passiert, was sie übrigens schon seit dem Mittelalter tut. Unweit der Stelle in der Dresdner Neustadt, wo die Prießnitz schließlich in die Elbe mündet, steht übrigens jenes Krankenhaus, in dem der Autor des vorliegenden Buches das Licht der Welt erblickte, wofür aber kein sonstwie geartiger Spuk, sondern reiner Zufall verantwortlich ist. ▌

Vielleicht teilte die Nixe dereinst die Wasser des Teichs gar nicht, sondern er war schlankweg zugefroren?

Binnenforscherinnen

Badende Wettiner, brütende Reiher

Elbinsel Pillnitz Elbe Sachsen
200.000 m²

51° 0' 15" N
13° 52' 16" O

Unzählige Käfer- und Vogelarten nutzen die Elbinsel als Refugium.

IN DER SAMSTÄGLICHEN RUBRIK »QUARTETT« DER SÜDDEUTSCHEN ZEITUNG, ...

... bei der man die Gemeinsamkeit von vier Abbildungen finden soll, spielten in jüngerer Zeit zweimal kurz hintereinander Binneninseln eine Rolle. Einmal war des Rätsels Lösung »Vereinsnamen von Fußballzweitligisten«. Gezeigt worden waren Fortuna (Düsseldorf), das Erzgebirge (Aue), Turnvater Jahn (Regensburg) und – eine Flussinsel, ein Werder (Bremen). Ein anderes Mal sah man folgende Motive: die Büste der Nofretete, die Notre-Dame, die Olympiastadt Montreal und das MDR-Landesfunkhaus Magdeburg. Der gemeinsame Nenner in diesem Fall: Alles befindet sich auf Flussinseln, nämlich im Einzelnen auf der Museumsinsel in der Spree, in der Seine, im Sankt-Lorenz-Strom resp. auf der Rotehorninsel in der Elbe. Bei Letzterem war der SZ-Rätselredaktion jedoch ein Fehler unterlaufen, befindet sich das Funkhaus doch auf der **Steinkopfinsel** (S. 148).

Man kann aber auch durcheinanderkommen mit den ganzen Elbinseln! Dabei ist deren Zahl im Laufe der Jahrhunderte stetig gesunken. Vor allem im 19. Jahrhundert fielen etliche Inseln im sächsischen Oberlauf der Flussregulierung zum Opfer. Auch die Pillnitzer Insel stand dem Schiffsverkehr im Weg, blieb aber letztlich erhalten, weil man sich auf ein paar Uferkorrekturen als Kompromiss einigen konnte. Schiffbar ist heute allein der Hauptstrom zwischen der Insel und dem rechten Elbufer mit Schloss Pillnitz. Ein schmalerer Arm trennt die Insel von der nicht minder reizvollen linkselbischen Seite, die u.a. den als Radstrecke beliebten Zschierener Elbweg, das Sandstrandbad Wostra

Kurz nach Pirna, bevor die Elbe durch Dresden fließt, liegt die Pillnitzer Insel.

mit angeschlossenem Campingplatz und die Gaststätte »Zur Elbinsel« zu bieten hat.

Das 20 Hektar große Biotop ist jedenfalls die Elbinsel, die man meint, wenn man im Raum Dresden von »Elbinsel« spricht. Dass sie – zusammen mit der kleineren, 30 Kilometer stromabwärts entfernten Gauernitzer Insel – als eine von ursprünglich 18 Inseln verschont wurde, mag auch daran liegen, dass sie mit dem Wasserpalais von Schloss Pillnitz eine Einheit bildet, die sich schon zu Zeiten August des Starken formte, als dieser die Anlage im typischen Barockstil umbaute und erweiterte. Und dabei auch die Insel in das kurfürstliche Leben integrierte: für Jagdgesellschaften, als Ort für Festivitäten, als Badestelle.

NACH DEN ELBAUSBAUTEN MITTE DES 19. JAHRHUNDERTS ...

... wurde die Insel forstwirtschaftlich genutzt, sogar für den Anbau fremdländischer Baumarten, jedoch schon 1924 zum Naturschutzgebiet erklärt. Seitdem überlässt man den Auwald sich selbst, der somit ungebändigt den Zustand des Elbtales von vor 150 Jahren konserviert. Über eine der ältesten Naturschutzzonen des Freistaates Sachsen kursierte die Legende, sie sei noch nie von einem Menschen betreten worden. Was aber wohl nur Leute glauben, die noch nie von der Gruppe Kruzianer gehört haben, die in einer Sommernacht in den 1960er-Jahren auf das Pillnitzer Eiland geschwommen waren, um dort das Deutschlandlied zu intonieren. Das Mähen der Wiesen immerhin war sogar noch bis zur Wende gestattet, dann wurde die gesamte Insel zum Totalreservat erklärt, und seitdem ist jeglicher menschlicher Eingriff tabu. Der Wildwuchs von rund 400 Pflanzenarten zieht Tiere in Hülle und Fülle an, die sich zwischen Lianen und im dichten Unterholz wohl und sicher fühlen. Allein 400 Käferarten sind hier heimisch. 50 Vogelspezies, darunter Baumfalke, Waldkauz und Dohle, brüten auf der Insel. Hinzu kommen noch einmal 50, die hier einen vorübergehenden Lebensraum haben: Gänsesäger, Lachmöwen, Gänse, zuletzt wurden auch Kolonien von Kormoranen und Graureihern registriert. Mit etwas Glück bekommen Naturbeobachter sogar Säugetiere wie Fuchs, Biber, Reh und Wildschwein vors Fernglas.

DASS DIESER AN FAUNA SO REICHE LEBENSRAUM ...

... wegen einer neuerlichen Elbregulierung plattgemacht wird, ist mittelfristig nicht zu befürchten. Und falls die Pillnitzer Insel doch irgendwann untergehen sollte, wird man sie zumindest noch auf zahlreichen Bildern bewundern können. Johann Friedrich Nagel hat sie 1790 mit Wasser- und Gouachefarben festgehalten, auf einer Radierung des Dresdner Spätromantikers Ludwig Richter von etwa 1820 taucht sie verschämt am rechten Bildrand auf, der Arzt und Universalgelehrte Carl Gustav Carus setzte sie um 1832 auf einem Ölgemälde hinter ein Kanu, und zwischen 1960 und 1970 entstand Wilhelm Rudolphs Holzschnitt mit dem selbst erklärenden Titel »Liegender Akt vor Pillnitzer Elbinsel«. Diese Gemeinsamkeit zwischen jenen vier Künstlern zu erraten, das wäre mal ein »Quartett« mit erhöhtem Schwierigkeitsgrad.

Die Ausflugsschiffe starten ihre Touren entweder von Dresden oder Pirna aus.

Binnenforscherinnen

Fjord oder Mittelmeer?

Sassau Walchensee Bayern
25.960 m²

47° 35' 38" N
11° 20' 46" O

So groß (16,4 km²) und tief (190m) ist kaum ein anderer See in den deutschen Alpen.

DIE VERGLEICHSWEISE JUNGE DISZIPLIN DER UNTERWASSERARCHÄOLOGIE ...

... spielt in diesem Buch immer wieder eine Rolle. Stetig verbesserte Technik macht es möglich, den kleinen und großen Binnengewässern uralte Geheimnisse zu entlocken, die nicht selten den historischen Alltag auf weniger bekannten Inseln lebendig werden lassen.

Die letzten größeren Untersuchungen des Walchenseebodens führen allerdings gerade mal etwas mehr als 75 Jahre in die Vergangenheit. Im Jahr 2018 nahm sich ein Unterwasserarchäologe mit einem Team das Wrack eines britischen Weltkriegsbombers vor, und die ZDF-Sendung »Terra X« dokumentierte den Vorgang. Dass ein Flugzeug vom Typ Lancaster im See versunken war, war durchaus bekannt, immerhin war ein Mitglied der siebenköpfigen Besatzung kurz nach dem Abschuss der Maschine am 3. Oktober 1943 tot ans Ufer gespült worden. Die gröbsten Reste des Fliegers wurden zwar nach Kriegsende im Auftrag der britischen Regierung aus 30 Metern Tiefe heraufgezogen, doch als Hobbytaucher zwei Jahrzehnte später den Seeboden abgrasten, stießen sie auf nicht geborgene Motoren. Der Wissenschaftler Florian Huber, der die Untersuchung 2018 leitete und regelmäßig Spezialkurse zur Unterwasserarchäologie gibt, vermutet, dass immer noch Wrackteile – und womöglich sterbliche Überreste – im Walchensee ruhen, auch nahe der Insel Sassau.

Der Walchensee liegt in den Bayerischen Voralpen zwischen München und Garmisch-Partenkirchen.

Vor ebenfalls nicht allzu langer Zeit machte Huber einen sogenannten Einmannbunker am Grunde des Sees ausfindig.

Solche dickwandigen, litfaßsäulenartigen Schutzkonstrukte waren während der NS-Zeit von der Reichsbahn an neuralgischen Punkten aufgestellt worden, wobei das Exemplar aus dem Walchensee einem Zeitzeugen zufolge noch nach Kriegsende am Ufer gestanden haben soll. Rätsel gibt auch ein 2017 in Augenschein genommenes Holzboot in sieben Metern Tiefe auf. Es könnte bis zu 100 Jahre alt sein. Wenn so etwas in relativ flachen Zonen gefunden wird, welche Überraschungen halten dann erst die unerreichbareren Stellen bereit? Immerhin hat der tiefste Gebirgssee Deutschlands eine Maximaltiefe von 190 Metern. Einer der spektakulärsten Schätze des Walchensees war das Skelett eines Elches, das man ziemlich genau auf 9250 v. Chr. datieren konnte.

Sassau, nicht zu verwechseln übrigens mit der gleichnamigen Halbinsel im Chiemsee, beheimatet heute zwar keine majestätischen Säugetiere wie den Eurasischen Elch, dafür seit Anfang des Jahrtausends als ganz speziellen Gast die Mittelmeermöwe. Mit etlichen anderen Arten brütet der Zugvogel inmitten von Totholz sowie Rotbuchen, Fichten, Weißtannen, Lärchen und teils 500 Jahre alten Eiben. Doch weder Freizeitbiologen noch -archäologinnen dürfen das seit 1978 unter Naturschutz stehende Eiland betreten, und für Boote gilt eine 50-Meter-Sperrzone. Die Wasserwacht und nicht weniger als acht Ranger sehen regelmäßig nach dem Rechten.

Vor hundert Jahren hielt man die Natur des Walchensees zwar noch nicht für gesetzlich schützenswert, ihr Reiz war dennoch weit über das Voralpenland hinaus bekannt. Bald wurde die Gegend zum Hotspot der High Society, deren wohl prominentester Vertreter Lovis Corinth (1858–1925) war. Der immer mal wieder neu entdeckte Impressionist zog 1919 in ein Haus am Walchensee, das ihm seine Frau Charlotte – ebenfalls Malerin – gebaut hatte. Corinth fertigte Unmengen von Landschaftsgemälden an, welche reißenden Absatz fanden. Auf nicht wenigen davon ist auch die Insel Sassau festgehalten. Das ehemalige Hotel Post am Nordufer, das dem Maler zeitweise als Wohn- und Arbeitsstätte diente, beherbergt seit dem Jahr seines 150. Geburtstags das Walchensee-Museum mit rund 200 seiner Werke. Der Gasthof hatte Corinth schon 1918 eine Feier ausgerichtet. Exquisite Feste soll es gerüchteweise auch auf der damals noch weniger stark bewaldeten Sassau gegeben haben …

Abgesehen davon, dass der dichte Baumbestand und das streng durchgesetzte Zutrittsverbot die Insel Sassau als Partylocation heutzutage wenig attraktiv machen, sind auch die klimatischen Bedingungen wenig einladend. Im Jahresmittel wird es nicht wärmer als 5,2 Grad Celsius, die Gewitter sollen besonders ungestüm sein. Tatsächlich wirkt der Walchensee so skandinavisch, dass er 2017 für eine Ausgabe von »Aktenzeichen XY ungelöst« als Double für den norwegischen Geirangerfjord herhalten musste. Corinth selbst hatte höchsten Respekt vor den Naturgewalten am Schlund des kalten Sees, er berichtet von Steinlawinen, und einmal hätte ihm ein wiederkehrender garstiger Sturm, der in der Region als »Kocheler Wind« bekannt war, fast die Staffelei weggeblasen.

DIE RELATIVE UNZUGÄNGLICHKEIT UND URWÜCHSIGKEIT DER INSEL …

… wurde ausgenutzt, wie auch schon **Schwedeninsel** (S. 160) ausgenutzt wurde, nämlich als Versteck von Kostbarkeiten aus dem örtlichen Kloster während des Einfalls der Schweden 1632 sowie später im Spanischen Erbfolgekrieg. Schon deshalb wäre die Sassau ein lohnendes Objekt der Archäologie. Reste von Gebäuden aus dem 18. Jahrhundert würde man dort ebenso finden wie Spuren von Verteidigungselementen und Blockhütten, die ein evangelischer Pfarrer in den 1960er-Jahren hatte bauen lassen, bevor sie 1972 von der Bayerischen Staatsforstverwaltung abgerissen wurden. Aber warum sollte der Mensch seine Neugier nicht mal zügeln und Natur Natur sein lassen?

Kapitel 3
Inselbegabungen

Inseln, die in ganz besonderer Weise sich von allen anderen hier versammelten Inseln abheben, haben in gewisser Weise eine Inselbegabung - mal kurios, mal überraschen, mal schauerlich.

Inselbegabungen

Mäh! und Amen!

Krautsand Elbe Niedersachsen
24.000.000 m²

53° 45' 20" N
9° 22' 12" O

Wer standesgemäß mit dem Schiff auf der Insel anlanden will, nicht mit dem Auto über die schnöde Brücke, bucht eine Tidenkieker-Fahrt.

»KRAUTSAND« BZW. »KRUTSAND« HEISST SIE SEIT MINDESTENS 1573, …

… als sie noch allein zum Beweiden von Rindern genutzt wurde und lediglich dem Bewirtschaftungspersonal vorübergehende Wohnstatt bot. Dass auf einem Elbsand etwas Grünes wächst, schien seinerzeit außergewöhnlich genug gewesen zu sein, um es im Namen zu verankern. Vegetative Ödnis war die Regel, was sich zum Beispiel im Namen von Kahlesand widerspiegelt, eine der Inseln, die einst separat in der Elbe lagen, bevor sie sich zum heutigen Krautsand vereinigten bzw. durch Menschenhand vereinigt wurden.

Die dauerhafte Besiedlung begann im 17. Jahrhundert. (2020 wurde »400 Jahre Krautsand« gefeiert.) Gelegentlich spricht man bei den nördlichen Elbinseln von den »Flusshalligen«, denn bekanntermaßen sind sie der Pegelfluktuation in einem Maß ausgesetzt, das an die kleineren Eilande in der Nordsee erinnert. Um dem Wasser nicht völlig hilflos ausgeliefert zu sein, schütteten die ersten Siedler Erdhügel auf, die Warthen, Wurten, Warfen oder Worthe. Darauf bauten sie ihre Häuser, die anfangs noch Multifunktionsgebäude waren. So diente laut einer Zeitzeugenauskunft »eines gemeinen Hausmanns Haus« gleichzeitig als Schule und als provisorische Kirche. Weil sich sowohl die Familie als auch das Vieh des Hofes stets in unmittelbarer Nähe aufhielten, war es keine Seltenheit, dass die Predigt vom Weinen eines Kleinkinds, vom Krähen eines Hahns oder vom Geblöke der Schafe gestört wurde. Hinzu kam, dass der als Aushilfspastor eingesetzte Gelehrte keine Sakramente erteilen durfte. Im Sommer setzten die Dorfleute meistens aufs Festland über und besuchten

Der Strand von Krautsand, kurz bevor die Elbe in die Nordsee mündet.

die dortigen Kirchen. Dieser Zustand besserte sich erst, als der schwedische König den Bau eines richtigen Gotteshauses genehmigte, und schon 1680 – nach einem kurzen Geplänkel mit Dänemark – hatte Krautsand einen eigenen Inselpfarrer und sogar eine Kirchenglocke.

Herr über die Insel war seit 1848 der Hans Christoph Graf von Königsmarck, eigentlich märkischer Abstammung, aber seit 1631 erst als Hauptmann, zuletzt als Oberst im Dienste der schwedischen Armee. Von Königin Christina erhielt der äußerst erfolgreiche Feldmarschall neben den Ämtern Neuhaus und Rotenburg auch die Insel Krautsand, die über 50 Jahre in seinem Besitz blieb. Kurz nach Ende des Dreißigjährigen Krieges wurde der Heerführer in die »Fruchtbringende Gesellschaft« aufgenommen, eine prestigeträchtige Akademie, die man sich als eine Mischung aus Literaturzirkel und Debattierklub vorstellen muss und die 2007 als »Neue Fruchtbringende Gesellschaft« wiedergegründet wurde. Jedes neue Mitglied bekam eine Imprese zugewiesen: das Emblem einer Pflanze, der sich der Aspirant mit einem Gedicht verpflichtete. Hans Kristoffer – so der »schwedisierte« Name des zum Generalgouverneur aufgestiegenen Grafen – erwischte das Fünffingerkraut und bereimte es wie folgt:

»Es ist ein schön gewächs' und heißt Fünffingerkraut
Der großen art so nur mit bösem schleime streitet.
Der Streitend' ist mein Nahm', er ward mir anvertraut
Weil oftmals in dem Krieg' ein schleim wird Zubereitet
Zu hindern guten Zweck, Zu stürtzen, was man baut« ...

Ob von Königsmarck das Fingerkraut jemals auf »seiner« Insel angetroffen hat, ist nicht überliefert. Man liest aber in den Annalen, dass hier zum Beispiel »mächtige Huflattige« wucherten, der Boden eben »zu geil« sei, und die Bevölkerung zum Jäten keine Zeit hätte.

Gibt die aktuellste Erhebung (2011) etwas weniger als 500 Einwohner an, so ist das nicht mal die Hälfte derer, die Mitte des 19. Jahrhunderts gezählt wurden! Die Landwirtschaft sicherte den Leuten ein gutes Auskommen, trotz permanenter Bedrohung durch die Elemente. Regelmäßig wurden ganze Häuser mitsamt den sich aufs Dach geretteten Bewohnern weggeschwemmt, und am Ende des Winters konnte es schon mal vorkommen, dass eine unkontrollierbare Eisscholle eine etwas niedriger stehende Behausung mit sich riss. Auch die Felder fielen immer wieder den Fluten zum Opfer. Die Krautsander mochten sich nicht dazu aufraffen, Deiche anzulegen (das geschah im großen Stil erst 1976!), vertrauten ganz auf ihre Warfen und ein paar Dämme. Da kam es ihnen zupass, dass wenigstens der Weidenbaum wie Unkraut aus dem Boden spross und sich als brauchbarer Grobfilter und »Getreiderechen« erwies: Hatten die Wellen mal wieder eine halbe Ernte weggespült, blieb ein guter Teil davon zwischen den Weiden hängen und konnte später gerettet werden. Sogar so manchem wegtreibenden Menschen rettete eine Weide als Nothalt womöglich das Leben. Zwischen den zahlreichen Obstbäumen der Gegenwart übersieht man das unterschätzte Gehölz gerne mal.

»MARITIM, EHRLICH, STURMFLUTERPROBT«

... lautet das selbstbewusste Motto der Insel, die manche weniger selbstbewusst als Halbinsel betrachten, ist doch die Süderelbe, die sie im Westen vom Festland abtrennt, kaum mehr als ein Rinnsal. Dafür ist die Elbe im Osten, hinter dem kilometerlangen, fast an einen Meeresstrand erinnernden Sandufer umso breiter und stellt eine deutliche Grenze zu Schleswig-Holstein dar. Krautsand ist längst nicht mehr schwedisch, aber auch keine eigene Gemeinde mehr, sondern gehört zur Gemeinde Drochtersen im niedersächsischen Landkreis Stade.

Wer auf Krautsand Urlaub macht, etwa um ein paar Tage in der überraschend sauberen Elbe zu baden, sich aber aufgrund historischer Flutberichte davor fürchtet, nachts bis nach Glückstadt geschwemmt zu werden, findet übrigens im »Elbinselbaumhaus« Logis in sicherer Höhe.

Inselbegabungen

Das Watt war Zeuge

Langlütjen II | Weser | Niedersachsen
17.000 m²

53° 35′ N
8° 30′ O

106 - Langlütjen II

Bei Ebbe lässt sich auf einer selbstverständlich geführten Wattwanderung die Insel zu Fuß erreichen.

LANGLÜTJEN GILT MANCHEM SCHON ALS NORDSEEINSEL, ...

... liegt sie doch im Mündungsbereich der Weser. Aber vor allem weist sie eine Gemeinsamkeit zu etlichen Inseln in Flüssen und Seen auf: Uns begegnen immer wieder solche, die sich in privater Hand befinden, entweder in der von Einzelpersonen oder Familien oder nicht selten von Organisationen, die sich dem Umweltschutz verschrieben haben und in (menschenleeren) Inseln einen besonderen Lebensraum für zu schützende Tiere und Pflanzen sehen. Das hat eine lange Tradition. Schon Anfang der 1910er-Jahre soll der Schweizerische Bund für Naturschutz versucht haben, die **St. Petersinsel** (S. 180) zu kaufen, um darauf ein Reservat für Wasservögel anzulegen. Die mindestens 1,5 Mio. Franken, die das Bürgerspital Bern als Besitzer dafür verlangt hätte, dürfte die Vereinigung allerdings kaum gestemmt haben können. Dem WWF glückte es 2012, die Rederinsel in der Enns im oberösterreichischen Steyr zu erwerben und damit den geplanten Bau eines Kraftwerks zu verhindern. Der NABU schützt seit über 100 Jahren Naturflächen durch Landkauf, der erste gelang ihm bzw. seiner Vorgängervereinigung, dem Bund für Vogelschutz, bereits 1908 mit dem Erwerb der Lauffener Nachtigalleninsel im Neckar, 2021 übernahm er Teile der Insel Schadefähre in der Peenemündung vor Usedom, wo bedrohte Watvögel brüten.

Wer nicht durch Schenkung, Erbe oder sonstige glückliche Umstände an eine Insel kommt, sollte sich vor einem Kauf gründlich überlegen, was er mit ihr anzustellen gedenkt,

Langljütjen II liegt im Mündungsbereich der Weser und damit bereits im Watt.

denn er trägt eine gewisse Verantwortung nicht nur für die auf ihr befindliche Natur, sondern auch für ihre Geschichte. Als die Bundesrepublik im Jahr 2005 Langlütjen II mitsamt deren Schwester Langlütjen I abstoßen wollte, wies sie potenzielle Käufer zwar darauf hin, dass beide Inseln in der Zwischenzone des Nationalparks Niedersächsisches Wattenmeer unter Denkmalschutz stehen, und schlug vor, sie für sanften Tourismus fit zu machen, knüpfte an die Abgabe aber keinerlei Bedingungen. Noch bevor Langlütjen II knapp ein Jahr später den Besitzer wechselte, formierte sich heftiger Widerstand in der Bevölkerung. Um den nachvollziehen zu können, muss man die Vergangenheit beider Inseln, besonders der von Nummer II, kennen.

IN TIEFSTER PREUSSISCHER ZEIT ...

... wurden in der Wesermündung zur Sicherung der bedeutenden Häfen in Bremen und Bremerhaven vier Forts als Bollwerk gegen dänische Seestreitkräfte, Franzosen und etwaige andere Feinde errichtet: Brinkamahof I und II (inzwischen restlos abgetragen) sowie Langlütjen I und II, die zunächst Langlütjen-Sand I und II hießen, weil Nr. I aus einer gleichnamigen Sanddüne entstand. Nach dem Ersten Weltkrieg durch die Siegermächte ihrer militärischen Installationen befreit, wurden beide Festungsanlagen mit Beginn der NS-Herrschaft wieder in Betrieb genommen. Langlütjen II erfuhr ab September 1933 eine besonders unselige Zweitnutzung, als die Gestapo innerhalb der Anlage das SA-»Schutzhaftlager« einrichtete. Bis zum Festland drangen die Schreie der gefolterten Gefangenen, sodass die Insel bald nur noch »Teufelsinsel« genannt wurde. Kein halbes Jahr später und hauptsächlich aus logistischen Gründen wurde das Lager aufgegeben, doch die Aussicht, dass dieser Ort demnächst in ein Wellness-Resort verwandelt werden könnte, stieß und stößt Ortsansässigen zu Recht bitter auf. Konkrete Pläne, wie die Weserinsel als touristisches Ziel aussehen könnte, gab es indes zur Genüge: 2010 wurde im Rahmen eines studentischen Ideenwettbewerbs ein Hotelmodell zum Gewinner gekürt. Doch seitdem geht es schleppend voran, das Genehmigungsverfahren zieht sich. Der Privatbesitzer ist sich des Spagats zwischen Erholungsbedarf und Denkmalpflege durchaus bewusst und hat bereits viel Geld investiert, um seiner kompromissbereiten Vision eines Zentrums der »Wissenschaft, Kultur und Entspannung« näherzukommen.

INTERESSIERTE KÖNNEN DAS FORT ERKUNDEN, ...

... auch ohne dort Urlaub zu machen: auf geführten Wattwanderungen ab Tettens. Zuständig ist die Touristinfo Nordenham, denn die Inseln gehören politisch zu der niedersächsischen Stadt gegenüber Bremerhaven. Wobei Langlütjen II streng genommen die einzige »echte« Insel der beiden ist. Langlütjen I ist durch einen Damm, auf dem anfangs sogar eine Schmalspurbahn fuhr, mit dem Festland verbunden. Langlütjen II hingegen kann nur bei Ebbe zu Fuß erreicht werden. Die drei Kilometer können je nach Zustand und Tiefe des Schlicks allerdings recht anstrengend werden, und ohne den erfahrenen Guide Theodor Köhne, der die rund vierstündige Barfußtour seit Jahrzehnten an einigen wenigen Sommertagen anbietet, geht es nicht. Ihm ist es auch zu verdanken, dass inzwischen eine Gedenktafel auf der Insel an die Opfer der Nationalsozialisten erinnert.

Der Damm macht Langljütjen I zu einer unechten Insel

Inselbegabungen

Eine Geschichte aus zwei Ländern

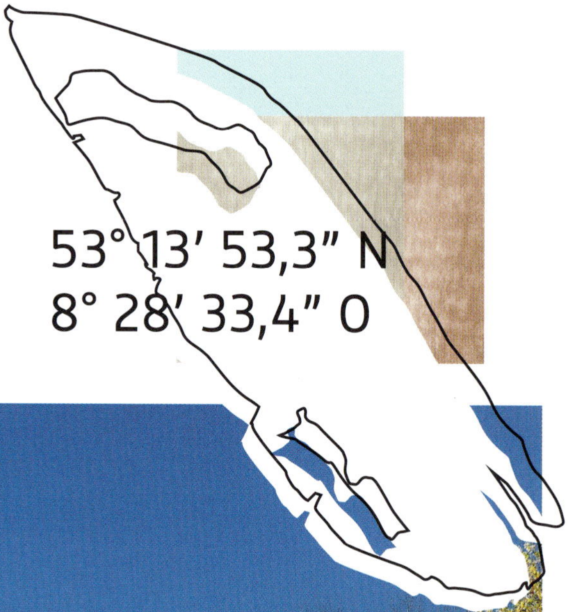

Weserdeicher Sände | Weser
Bremen/Niedersachsen | 1.380.000 m²

53° 13' 53,3" N
8° 28' 33,4" O

Wirkt eher wie ein Ostseestrand als wie das Ufer einer Insel in der Weser.

FLUSSINSELN SIND IN ZWEIFACHER HINSICHT IM FLUSS:

Sie befinden sich in einem solchen und sind zusätzlich ständiger Veränderung ausgesetzt. Mal gewinnen sie an Größe, mal ziehen sie sich zurück, vereinen sich am Ende mit anderen Inseln oder dem Ufer, sie kommen und gehen, manchmal innerhalb eines Menschenlebens. Heraklit überspitzt weitergedacht, kann man also nicht nur nicht zweimal in denselben Fluss steigen, sondern auch nicht zweimal dieselbe Flussinsel betreten.

Schön nachzuvollziehen ist das an der Unterweser auf der Höhe Bremens, in einer Gegend, die mit ihren unzählbaren Kanälen, Sieltiefen, Prielen, Neben- und Nebennebenarmen diverser Flüsse auf Google Maps aussieht, als hätte jemand einen Kamm mit in blaue Farbe getunkten Zacken über die Landschaft gezogen.

Band 3 von Johann Friedrich Kratzschs »Neuestes und gründlichstes alphabetisches Lexicon der sämmtlichen Ortschaften der deutschen Bundesstaaten« von 1845 verzeichnet noch eine Insel an der Hunte mit dem Namen »Schnack«, auf der angeblich »mehrere Elsflether zum Theil ganz freie Erbweide« besitzen. Heute findet sich davon keine Spur mehr. Ganze Seitenarme der Weser sind im Laufe der Jahrhunderte verschwunden. An die Anfang des 17. Jahrhunderts kanalisierte und schließlich vollständig zugeschüttete Balge und ihre Brücken erinnern im ganzen Stadtgebiet Bremens Bronzetafeln und Pflastersteine. Der mittelalterliche Hafen an der Balge, Bremens erster Hafen überhaupt, ist ebenso verschwunden wie die Balgeinsel.

Morgenidylle auf der Insel Weserdeicher Sände zwischen Bremen und Bremerhaven.

Beginnt man an einer beliebigen Stelle in der Hansestadt zu graben, stehen die Chancen nicht schlecht, auf einen ehemaligen Wasserlauf zu stoßen, so wie bei Bauarbeiten Ende der 1980er-Jahre, als man in einem Areal von 50 mal 40 Metern die Existenz gleich dreier mittelalterlicher Flüsschen nachweisen konnte.

Die fluvialen Veränderungen haben teils natürliche Ursachen – Versandung, Niedrigwasser –, teils sind sie dem Eingreifen der in immer größerer Zahl siedelnden Menschen geschuldet. Doch im Chaos ist auch Ordnung, im Wandel Beständigkeit. Schon die Väter des Grenzvertrages von 1867, der Großherzog von Oldenburg und der König von Preußen, definierten die Wesergrenze, die heute Bremen und Niedersachsen trennt, als eine labile und eben nicht als unveränderlich. Was aber nicht heißt, dass die Grenze nach Gutdünken verschoben werden kann, sondern dass schon mal jahrzehntelang übersehen wird, dass Menschen auf de facto bremischem Boden Steuern an das Land Niedersachsen zahlen. Wo mangels Siedlung keine wirtschaftspolitischen Auswirkungen zu spüren sind, muss man schon eine sehr detaillierte Karte bei sich führen, um den Verlauf der Landesgrenze nachzuvollziehen. Besucht man die 1,38 km² große Insel Weserdeicher Sände, die nur bei Niedrigwasser über eine Furt durch den Weseraltarm Westergate, ansonsten per Schiff zu erreichen ist, befindet man sich so lange in der niedersächsischen Gemeinde Berne, bis man auf den schmalen Uferstreifen im Osten spaziert – dann ist man in Bremen. Schon der ursprüngliche Plural Weserdeicher Sände lässt erkennen, dass es sich bei dieser Weserinsel einst um mehrere gehandelt hat, auch wenn der Name heute gern in der Einzahl verwendet wird. Der Rönnebecker Sand, der Ruschsand und der Tegelsand (Sand ist neben Plate in dieser Region das typische Binneninselwort) wurden in jüngerer Vergangenheit vereint. An Ruschsand erinnert zumindest noch der Name eines Einsatzschiffs des Wasserstraßen- und Schifffahrtsamts Weser-Jade-Nordsee. Im Südwesten der Insel Weserdeicher Sände gibt es ein kleines Loch, das genauso heißt: Das »Kleine Loch« ist ein See nebst Entwässerungskanal und nicht der einzige Hinweis auf Eingriffe durch den Menschen. Eine künstliche Flachwasserzone soll den Folgen der Weservertiefung von 1998 entgegenwirken.

Die Halbinsel Juliusplate unterhalb der Insel Weserdeicher Sände ist dann tatsächlich ein Fall für die Staatskanzlei. Ein Teil des Campingplatzes »Juliusplate« sowie ein längeres Uferstück gehören zum Stadtstaat Bremen, ein Badestrand im Süden, das Hotel sowie die Fährstelle liegen auf niedersächsischem Gebiet. Man befinde sich »derzeit« in Abstimmungen für einen neuen Staatsvertrag mit sauberen Grenzverläufen, hieß es zuletzt 2017 aus Hannover. Doch die Mühlen der Bürokratie mahlen so gemächlich, wie die Weserlandschaft sich verändert.

EINEN BESUCH WERT IST AUCH DIE EHEMALIGE INSEL UND HEUTIGE HALBINSEL ELSFLETHER SAND, ...

... die an der Insel Weserdeicher Sände im Norden anschließt. Nur ein Strandknubbel im Süden zählt zur Hansestadt, zwei kleine Areale gehören zum schon genannten Berne, die größte Fläche ab dem Weserdeich ist Teil der geschichtsträchtigen Hafenstadt Elsfleth im Oldenburger Land. Von hier aus stach am 7. August 1809 Friedrich Wilhelm, der Braunschweiger Volksheld der Napoleonischen Kriege, in See und führte seine berüchtigte »Schwarze Schar« via Helgoland auf die Isle of Wight. Vor Kurzem hat die JadeWeserPort-Marketing GmbH & Co. KG die gesamte Halbinsel gekauft, um sie als Ausgleichsfläche für Hafenbaumaßnahmen zum Vogelschutzgebiet umzugestalten. Einen weiteren Sprung nach Norden, und man befindet sich auf dem – nun gänzlich zu Niedersachsen gehörenden – Harriersand, ebenfalls aus mehreren kleineren Inseln »fusioniert« und heute Deutschlands längste aller Flussinseln. Aber das ist eine eigene Geschichte.

Inselbegabungen

Gewäsch
und mehr

Leineinsel Döhren | Leine | Niedersachsen
49.170 m²

52° 19' 58" N
9° 45' 30" O

Das Wehr geht vom Hauptarm der Leine ab. Der daraus entstehende Nebenfluss umspült die Leineinsel.

WER HIER SPAZIEREN GEHT ODER RADELT, ...

… versteht auf Anhieb, warum dieses Fleckchen zu den gefragtesten und meist geschätzten Wohngegenden Hannovers zählt. Dabei war Döhren und vor allem das alte Wehr noch im letzten Jahrhundert vorrangig mit harter Arbeit verbunden. Die »Döhrener Woll-Wäscherei und Kämmerei« beschäftigte Anfang des 20. Jahrhunderts an die 2000 Arbeiterinnen und Arbeiter, von denen die meisten damit betraut waren, die aus Übersee importierte Rohwolle mit Leinewasser zu waschen, zu kämmen und zu föhnen. Der 1872 mit einem Besitzerwechsel eingeführte Name bzw. seine Abkürzung WWuK wurde lokal als »Wauwau- und Katzenfabrik« verballhornt, meistens sprach man einfach von der »Döhrener Wolle«. 100 Tonnen Wolle passierten täglich Deutschlands erste Wollwäscherei, die nach der wenig später gegründeten Bremer Konkurrenz die zweitgrößte ihrer Art war. Wenige Meter von der Insel entfernt, an der Kreuzung Am Uhrturm/Am Leinewehr, erinnert eine Widderskulptur an die harten Jahre der Schafwollverarbeitung. Und der Name der östlich gelegenen Siedlung »Döhrener Jammer« lässt erahnen, dass die einstmals dort lebenden Arbeiter nicht unbedingt das große Los gezogen hatten.

Die Mehrheit der reizvolleren Wohnhäuser auf der Leineinsel entstand erst, nachdem der Industriekomplex in den 1970er-Jahren verschwunden und das Gelände von dem

Linksleinisch liegt Döhren ein Stückchen flussaufwärts des Zentrums von Hannover.

Bauunternehmen Neue Heimat erworben worden war. Die Neue Heimat gibt es heute nicht mehr – eine weitreichende Mauschelaffäre brach ihr in den 1980er-Jahren das Genick –, dabei stand der Name lange Zeit als Synonym für städtebauliche Mammutprojekte: Die Presseunterkünfte im Münchner Olympiapark gehen ebenso auf die Kappe des Konzerns wie das durch Sven Regener zu größerer Berühmtheit gekommene Bremer Viertel Neue Vahr.

ENG VERBUNDEN MIT DER NATÜRLICHEN FLUSSINSEL …

… sowie mit Hannover überhaupt ist der Name Johann Duve. Der Kaufmann, Stadtplaner und Philanthrop – im Dreißigjährigen Krieg stiftete er das Armen- und Waisenhaus an der Schmiedestraße – kaufte die Insel im Jahr 1652 und ließ 1667 das schon erwähnte Wehr anlegen. Der Johann-Duve-Weg, der im Süden über eine Brücke führt, gedenkt noch heute des im Alter verarmten Ratsherrn.

Nach dreieinhalb Jahrhunderten hatte das Leinewehr seine Schuldigkeit getan, 2004 wurde es von der Stadt abgerissen. Geblieben ist die Straße Am Leinewehr, die am südöstlichen Zipfel die Insel mit dem »Festland« verbindet. Dort rauscht auch der Leineinsel-Wasserfall hypnotisierend über eine bescheidene, im Zuge der Wehrentfernung angelegte Staustufe aus Beton. Als Wehr bis heute überlebt hat das ehemalige Turbinenhaus der Döhrener Wolle, es bildet etwas weiter nördlich als »Brückenhaus« die dritte Verbindung zur Insel. Als wäre das umgebende Wasser der Leine nicht genug, hat die Insel in der Mitte auch noch einen eigenen kleinen Weiher zu bieten. Darüber hinaus sind weitere idyllische Gewässer wie der Große Döhrener und der Baggersee Großer Wülfeler und Detmarscher Teich gut zu erreichen.

DER REICHTUM AN WASSER IST JEDOCH NICHT NUR SEGEN, …

… sondern auch Fluch. Demnächst könnte unweit der Döhrener Insel ein Wasserkraftwerk entstehen, das 800 Haushalte mit Strom versorgen soll. Ein ähnliches Vorhaben gab es bereits in den 1980er-Jahren, doch diesmal sorgen sich die Anwohner ernsthaft um ihr vertrautes Idyll, denn eine Petition mit gut 600 Unterschriften wurde Ende 2020 abgeschmettert.

Bleibt zu hoffen, dass die Insel selbst unangetastet bleibt und nicht das Schicksal einer Schwesterinsel teilt: Die Hannoveraner Leineinsel Klein-Venedig wurde nach dem Zweiten Weltkrieg eingeebnet und aus verkehrsplanerischen Gründen durch Zuschütten eines Flussarms mit dem Ufer verbunden, obwohl sie einen seit dem Mittelalter dauerhaft bewohnten und markanten Stadtteil dargestellt hatte. Vor der Neugestaltung der alten Ufermauern zwischen 2013 und 2015 legten Stadtarchäologen die Keller von »Klein-Venedig« frei, damit die Leineinsel wenigstens im Gedächtnis bleibt. Der Untergang der Döhrener Insel wäre in der Tat ein »Döhrener Jammer«.

Früher wurden von diesem Turbinenhaus die Maschinen der Spinnerei angetrieben.

Inselbegabungen

Specht freut sich wie Bolle

Scharfenberg   Tegeler See   Berlin
200.190 m²

52° 34' 17" N
13° 14' 43" O

Wer mit dem eigenen, wenn auch gemieteten Boot nach Scharfenberg will, wird zum Beispiel in Saatwinkel fündig.

»IN TEGEL, TEGEL GIBT'S LOCKRE VÖGEL« ...

... heißt ein Lied der Volkssängerin Claire Waldoff (1884–1957), zu deren Œuvre auch Gassenhauer gehören wie »Mir hab'n se de Gurke vom Schnitzel weggemopst«, »Wer schmeißt denn da mit Lehm« oder »Herr Meyer, Herr Meyer, wo bleibt denn bloß mein Reiher«. Wer im Norden Berlins nach Enten, Schwänen & Co. Ausschau hält, wird im und am Tegeler See ein wahres Paradies vorfinden. Das

Vor ein paar Jahren noch donnerten die Flugzeuge im Landeanflug auf Tegel über den See – davon ist heute nur noch wenig zu hören.

Anhängsel der Havel – dem manche Haarspalter gar den Status eines Sees absprechen – ist Heimat von sieben bis neun Inseln, je nach Zählung (wie gesagt: Haarspalterei), die sich im Laufe der Jahrhunderte durch Aufschüttungen weiter vermehren könnten. Noch 1830 hieß es im »Geschichtlich-statistisch-topographischen Taschenbuch« von Berlin und seinen nächsten Umgebungen von dem damals Tegelscher See genannten Gewässer, es beinhalte »3 kleine Inseln«.

Manche der Inseln sind aus Naturschutzgründen für die Allgemeinheit gesperrt, Baumwerder etwa, auf der sich, wie auch auf Scharfenberg, Wildschweine herumtreiben. (Man erinnere sich: Die Schwimmfreude der Schwarzpelze wurde im nicht vorhandenen Sommerloch 2020 mehr als einmal filmisch festgehalten.) Andere, vor allem Valentinswerder, bieten Datschenbesitzern und Dauercampern ein erholsames Refugium. Die Insel Scharfenberg ist flächenmäßig Spitzenreiterin. Sie beherbergt nicht nur Berlins größten Trinkwasserbrunnen, einen kürzlich regenerierten sogenannten Horizontalfilterbrunnen, sondern auch, seit 1922, die Schulfarm Insel Scharfenberg, ein staatliches Gymnasium und Internat in der Tradition der Reformpädagogik um 1900. Ihretwegen weist Scharfenberg die höchste »Bevölkerungszahl« aller Tegeler Inseln auf: Per Autofähre stoßen zu den zehn ständigen Einwohnern jeden Schultag rund 400 Schülerinnen und Schüler hinzu. Die wohl berühmteste Absolventin war die spätere Verfassungsgerichtspräsidentin Jutta Limbach. Die Schulfarm unterhält eine Gärtnerei, eine Imkerei, eine Kunstwerkstatt und einiges mehr, was manche Festlandschule gerne hätte. Es gibt eine Inselversammlung, bei der die Schüler »Minister« als Bereichsleiter wählen, die zusammen mit den Sprechern der Häuser einen Inselrat bilden. Dessen Mitglieder, alles Schüler, bestimmen den Inselsprecher – kurzum: Es ist eine streng geregelte Welt mit eigenen Normen und Gesetzen.

PASSENDERWEISE WAR SCHARFENBERG ...

... Drehort der ZDF-Familienserie »Unser Lehrer Doktor Specht« (1992–1999), in der sie den Namen »Krähenwerder« trug. Ausbildung und Wissenschaft scheinen unlösbar mit der Insel verknüpft zu sein. Der Naturkundler Carl Bolle (1821–1909) hinterließ hier buchstäblich Spuren: Von seinen botanischen Forschungsreisen – die den Inselfreund u.a. auf die Kanaren führten – brachte er Hunderte Pflanzen mit, von denen einige auf Scharfenberg gedeihen und bis heute für eine einzigartige Flora sorgen. Außerdem erinnert ein Gedenkstein an Bolle, in dessen Privatbesitz sich Scharfenberg sowie die südliche Nachbarinsel Baumwerder befanden. Nach seinem Tod verkauften die Erben die Inseln an die Stadt Berlin.

Vorher gehörten besagte Inseln übrigens lange Zeit den ebenfalls in Tegel umtriebigen Brüdern Alexander und Wilhelm von Humboldt. Auf ihr Konto geht unter anderem der Name des mutmaßlich ältesten Berliner Baums, der »Dicken Marie« nahe des Seeufers im Tegeler Forst. Marie hieß die füllige Köchin des Tegeler Schlosses, in dem die Humboldts ihre Jugend und Ausbildung genossen hatten.

Zum Skandal gereichte im Jahr 2003 die Meldung, dass ein verurteilter Raubmörder auf Freigang zweimal bei Arbeitseinsätzen auf der Schulfarm eingeteilt worden war, ohne Schulleiter oder Eltern darüber zu informieren.

Inselbegabungen

Schwebend zum Richter

Gerichtsinsel | Wupper | Wuppertal
Nordrhein-Westfalen | 14.000 m²

51° 15' 27" N
7° 9' 44" O

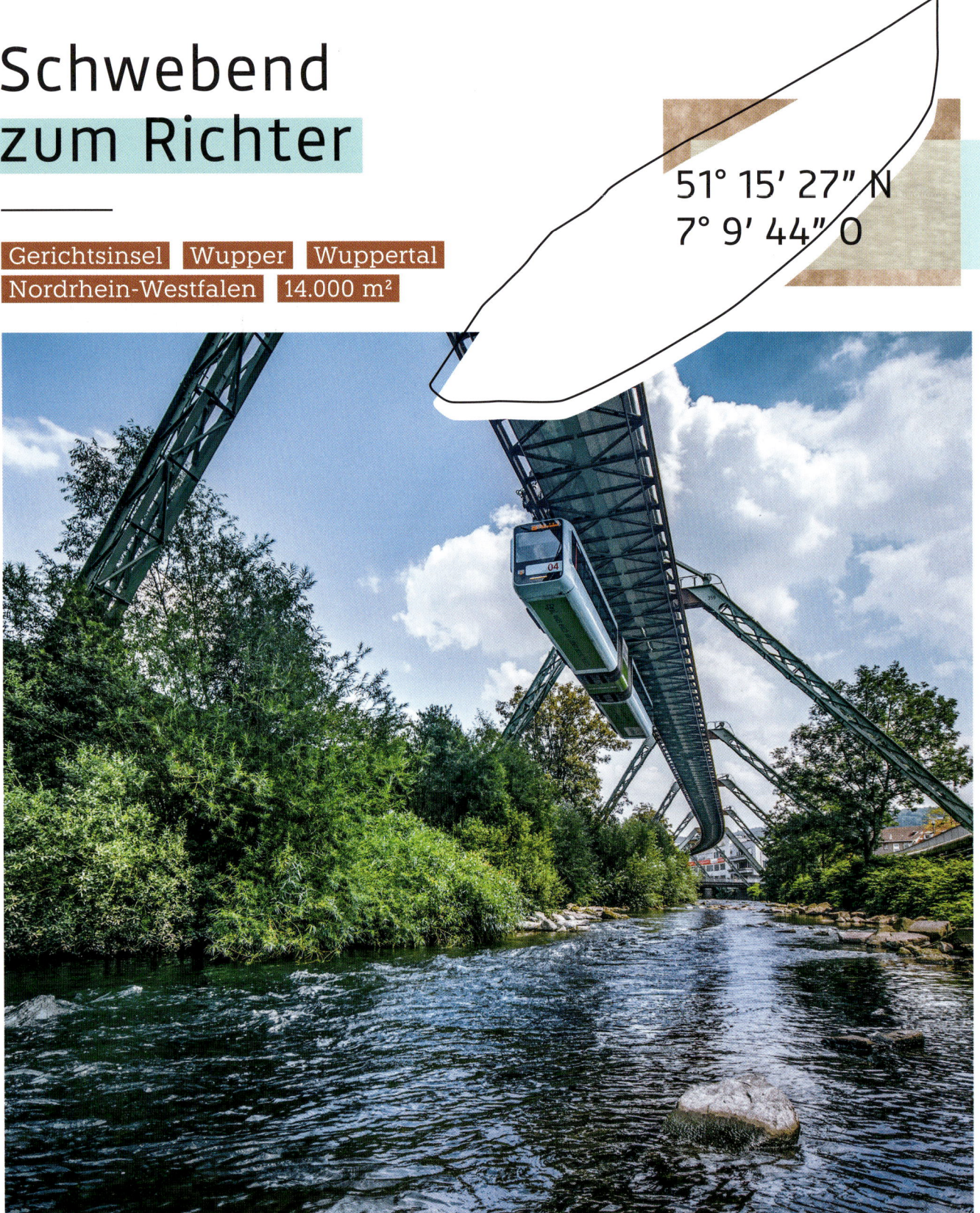

Eiland 1, die Adresse des Landgerichts auf der Gerichtsinsel.

NEIN, DIE GESCHICHTE MIT TUFFI SOLL AN DIESER STELLE NICHT ZUM HUNDERTSTEN MAL NACHERZÄHLT WERDEN.

Auch wenn die berühmte Wuppertaler Schwebebahn hier haltmacht, sei auf eine Rekonstruktion der dramatisch-komischen Ereignisse von 1950 um das aus einem Bahnwagen gesprungene Elefantenmädchen verzichtet. Interessieren soll nur das, was direkt mit der Insel verbunden ist – der Haltestellenname »Landgericht« legt es nahe. Das 1854 eingeweihte Gebäude gab der Insel den Namen, allerdings zunächst nur in der mündlichen Alltagssprache, denn in amtlichen Registern und auf Stadtplänen aus dieser Zeit ist lediglich vom »Eiland« die Rede. So lautet auch der Name der Straße, die sich von Nord nach Süd über die Insel zieht, wobei das Landgericht sich mit der Adresse Eiland 1 schmücken darf. Oben wie unten läuft die Straße jeweils in einer Brücke aus, von denen die nördliche an der Schwebebahnstation seit 2017 den Namen eines berühmten Sohns der Stadt trägt: Die Martin-Gauger-Brücke erinnert an den 1905 geborenen und 1941 von den Nationalsozialisten ermordeten Juristen und Pazifisten, der sich nach der Machtergreifung Hitlers geweigert hatte, den Treueeid auf den »Führer« zu leisten.

Wo kann man schon mit einer Schwebebahn auf eine Insel fahren? Natürlich in Wuppertal.

Gerichtsinsel - 123

Wer eine der Brücken überquerte, um beim Amtsgericht, das sich ebenfalls seit dem 19. Jahrhundert auf dem Eiland befindet, Konkurs anzumelden, war »über die Wupper gegangen«. Daher kommt der Ausdruck dafür, wenn eine Person oder ein Unternehmen (finanziell) ruiniert ist. Das ist zumindest eine Erklärung von mehreren. Eine andere Theorie leitet die erweiterte Bedeutung des Spruchs wie folgt her: Wenn jemand vom Gericht in die alte Arrestanstalt Bendahl südlich der Insel geführt wurde, kehrte er womöglich niemals von dort zurück, denn die JVA unterhielt auch einen Hinrichtungstrakt. Der Verurteilte ging ein letztes Mal und endgültig über die Wupper.

NICHT NUR DIESE REDEWENDUNG VERLEIHT DEM ORT EINEN LEICHT DÜSTEREN FLAIR.

Immer wieder hatte die Schwurgerichtskammer des Landgerichts makabre Prozesse zu verhandeln, so etwa den Fall des »Kirmesmörders« Jürgen Bartsch oder den tödlichen Streit zweier Kegelbrüder über die Frage, ob Max Schautzer (»Pleiten, Pech & Pannen«) ein guter Fernsehmoderator sei. Einen Gang über die Gerichtsinsel sollte man allemal wagen, insbesondere wenn kein Termin beim Kadi ansteht. Die alt-ehrwürdigen Justizgebäude werden durch den Neubau von 2005 auf interessante Weise architektonisch kontrastiert. Zudem kommt die nächste, im Gegensatz zu diesem Eiland naturbelassene Wupperinsel erst in Solingen.

So exquisit das Wuppertaler Gerichtszentrum ist: Die Standortnachteile wurden bei dem schweren Sommerhochwasser 2021 sichtbar, als die Insel überflutet und ohne Strom war, sodass der juristische Betrieb für mehrere Tage ausgesetzt werden musste. Bei der Unwetterkatastrophe wurde auch – und so schließt sich der Kreis auf traurige Weise – die 3500 Kilogramm schwere Steinskulptur von Elefant Tuffi weggerissen.

Gerichtsinsel

Inselbegabungen

Ein Stück Luzern in Mainhattan

Namenlose Inseln   Jacobiweiher
Hessen   60.000 m²

50° 4' 11" N
8° 41' 8" O

Lange ist es her, dass die Mandarinenten als Ziergeflügel ihr Dasein fristeten – heute sind sie richtige verwilderte Populationen.

ZWEI GEWÄSSER IN MITTELEUROPA SIND ALS VIERWALDSTÄTTERSEE BEKANNT

– nun gut: Der eine ist etwas bekannter als der andere, und beide sind in mehrerlei Hinsicht höchst verschieden. Zunächst einmal passt der Frankfurter Jacobiweiher, der von Einheimischen »Vierwaldstättersee« genannt wird, ungefähr 1893mal in den Schweizer Namenspaten hinein. Ersterer ist in einer gemütlichen Dreiviertelstunde umrundet, während man um den großen Bruder in der Zentralschweiz 150 Kilometer zurücklegen muss.

Woher also die ungewöhnliche Benennung? Oft wird die charakteristische Form als Erklärung herangezogen. Die Ähnlichkeit ist nicht von der Hand zu weisen: Beide Seen sind eher lang gestreckt und bilden an ihrem jeweiligen Westende lange Arme aus. Auch die Zahl Vier spielt eine Rolle: An den Vierwaldstättersee grenzen vier Kantone, an den Jacobiweiher die drei Frankfurter Stadtteile Niederrad, Oberrad, Sachsenhausen sowie die Stadt Neu-Isenburg. Landschaftsbezeichnungen, die auf die Schweiz verweisen, gibt es zuhauf, seit sich das Land im 19. Jahrhundert als Inbegriff der Schönheit urwüchsiger Bergwelten durchgesetzt hatte, man denke an die Sächsische oder die Holsteinische Schweiz. Ob hinter dem Frankfurter Spitznamen solches Marketingdenken steckt oder ob ein lokaltypischer Fall von Understatement durch Übertreibung vorliegt, ist nicht eindeutig zu klären und letztlich auch egal, denn die meisten Leute nennen den Jacobiweiher schlicht Jacobiweiher.

Ursprünglich ein Hochwasserrückhaltebecken, ist der Weiher heute das größte Stehgewässer der Mainmetropole. Angelegt hat ihn der Forstbeamte Bernhard Jacobi im Jahr 1935, indem er den Erlenbach anstaute, welcher in Neu-Isenburg auch als Luderbach bekannt ist, während die

Südlich von Frankfurt am Main auf halbem Weg nach Neu-Isenburg liegt dieses kuriose Gewässer nebst Inseln.

Frankfurter ihn Königsbach nennen – da ist sie wieder, die augenzwinkernde Überhöhung.

Von Anfang an sind drei Inseln Bestandteil des Gewässers – und noch eine Parallele zum Vierwaldstättersee, der ebenfalls mit ein paar Inseln aufwarten kann, die eher unscheinbar am Uferrand liegen, manche mit, manche ohne Namen. Auch Schutzgebiete für Wasservögel sind darunter. An den Inseln im Jacobiweiher kann man jedenfalls kaum vorbeigehen, ohne einem Reiher zum Gruß zuzunicken. Kormorane, Blesshühner, Kleiber sowie die bunten, eleganten Mandarinenten sind keine Seltenheit, sogar Eisvögel sollen schon gesichtet worden sein. Mit etwas Glück oder Geduld erspäht man auf den Inseln vielleicht eine Rotwangen-Schmuckschildkröte. Wahrscheinlich ist die kleine Population der in Nordamerika heimischen Sumpfschildkröten hier entstanden, nachdem ein überforderter Haustierhalter in den 1970er-Jahren einige Exemplare aussetzte.

DAS SELTENSTE TIER GIBT ES NUR EINZIGES MAL!

Es ist leicht zu übersehen und hält sich nie auf den Inselchen, sondern stets auf einem Baum unweit der Brücke am Westufer auf: die Eule im Norwegerpulli. Sie ist eines von mehreren Kunstobjekten im öffentlichen Raum, die der Satiriker und Neue-Frankfurter-Schule-Zeichner F. K. Waechter (1937–2005) für den Grüngürtel entworfen hat. Ein anderes steht auf der Halbinsel im Nordwesten, auf welcher sich auch das Gasthaus Oberschweinstiege befindet: Der »Pinkelbaum«, ein 300 Jahre alter Ahorn, ist mit einem kleinen Schlauchstück versehen, das jeden mit Wasser besprizt, der den dazugehörigen Bewegungsmelder aktiviert.

In Sachen belebter Natur steht der Frankfurter dem Schweizer Vierwaldstättersee also in nichts nach. Allein auf die allergrößten Vögel am Himmel würde man allzu gern verzichten: Der Fluglärm ist in und um Neu-Isenburg wahrlich eine Herausforderung, aber für die Anfahrt tut es die Straßenbahn!

Namenlose Inseln im Jacobiweiher

Inselbegabungen

Hier weiß man nicht, wo einem der Kopf steht

Namenlose Insel | Mosel
Deutschland/Luxemburg | 12.000 m²

49° 28' 13" N
6° 22' 8" O

130 – Namenlose Insel in der Mosel

Wer sich schon immer gefragt hat, wie der ominöse Ort Schengen wohl aussehen mag, findet auf diesem Bild die Antwort.

INSELN, DIE ZU MEHR ALS EINEM LAND GEHÖREN, ...

... sind keine Ausnahme. Bekannte Beispiele sind: Hispaniola, auf der sich im Osten Haiti und im Westen die Dominikanische Republik befindet. Neuguinea, das eine fast strichgerade Grenze in eine indonesische und eine papua-neuguineische Hälfte teilt. Und die Antillen-insel St. Martin, deren nördlicher Teil (Saint-Martin) fran-zösisches Territorium ist, während der Süden (Sint Maarten) dem Königreich der Niederlande angehört. Im deutschsprachi-gen Raum denkt man sicherlich zuerst an die Ostseeinsel Usedom, an deren östlichem Ende, nach einem großen Stück Deutschland, die Republik Polen beginnt. Kaum jemand außerhalb Bayerns dürfte den Kräutelstein auf dem Schirm haben, Deutschlands einzige Binneninsel, auf der die Grenze zwischen zwei Staaten verläuft. Das Wort »Insel« mag für diesen Felsen in der Donau etwas großspurig daherkommen, aber als »Grenzstein« zwischen Deutschland und Österreich hat das 450 Quadratmeter große Naturdenkmal eine ehrwürdige Tradition. Eine innerdeutsch, nämlich zwischen Bremen und Niedersachsen aufgeteilte Insel wird in diesem Buch mit den **Weserdeicher Sänden** (S. 110) vorgestellt.

Nicht durcheinanderzubringen sind geteilte Inseln mit Kondominien. Ein Kondominium ist ein Territorium, über das zwei oder mehrere Staaten gleichberechtigt herrschen (es müssen nicht unbedingt Staaten sein, aber ein Exkurs über die Definition von »Herrschaftsträger« würde jetzt zu weit führen). So ein Territorium kann auch eine (Binnen-) Insel sein. Die unbewohnte Fasaneninsel im Baskenland etwa wird im halbjährlichen Wechsel von Frankreich und Spanien regiert.

Ein echtes Kuriosum: die namen-lose Dreiländerinsel bei Schengen an der Mosel.

Wenn sich zwei Länder um die Souveränität eines Gebiets streiten und sich weder auf eine Teilung noch auf ein Kondominat einigen können, liegt wieder ein anderer Fall vor. Dann kommt es zu teils aggressiven Territorialstreitigkeiten – oder auch nicht. Zu einiger Popularität gebracht hat es die Hans-Insel im Kennedy-Kanal zwischen der kanadischen Insel Ellesmere und dem nordgrönländischen Washington-Land, mithin ziemlich genau in der Zwölfmeilenzone von sowohl Kanada als auch Grönland und damit Dänemark. Der Ständige Internationale Gerichtshof in Den Haag hat zwar 1933 zugunsten der Hoheit Dänemarks entschieden, doch das hat Kanada nicht davon abgehalten, seitdem Surveys verschiedener Art auf dem unfruchtbaren Gesteinsbrocken im Eismeer durchzuführen. Doch statt militärischen Offensiven hat sich seit 1984 eine inoffizielle, sehr sympathische Zwischenlösung etabliert: In unregelmäßigen Abständen besucht eine Abordnung eines der beiden Länder das Inselchen, hisst die jeweilige Flagge und hinterlässt darunter eine einheimische Spirituose.

DIESE MÄANDERNDE VORREDE WAR NÖTIG, ...

... um die Exklusivität des folgenden Inselschatzes herauszustellen. Es handelt sich um den raren Fall einer Binneninsel, die einerseits geteilt ist, deren einer Teil andererseits ein Kondominium ist. Auf der rätselhafterweise namenlosen unbewohnten Moselinsel zwischen dem luxemburgischen Schengen (genau, dem Schengen!) und dem französischen Apach könnten demnach drei verschiedene Flaggen wehen. Der allergrößte Teil trennt als französisches Hoheitsgebiet die Schleuse der Staustufe Apach von deren Wehr, welches teils auf luxemburgischem, teils auf französischem Gebiet liegt. Der kleine, bewaldete Nordzipfel der Insel wiederum gehört zum sogenannten gemeinschaftlichen deutsch-luxemburgischen Hoheitsgebiet. Dieser 700,92 Hektar große Bereich umfasst im Wesentlichen die circa 128 Kilometer lange Gewässergrenze zwischen Deutschland und Luxemburg, welche aus der Our, der Sauer und der Mosel besteht, wobei Ersterer in Zweiterer und Zweiterer in Dritterer mündet. Das heißt in der Theorie: Fährt jemand beispielsweise auf der Höhe Perl (Saarland) mit einem Floß über die (bis zu mehr als 100 Meter breite) Mosel, befindet er sich, wenn er vom deutschen Ufer losgefahren ist, so lange in Deutschland, bis er das luxemburgische Ufer erreicht hat, und umgekehrt. Die Grenze dieses Gebiets ist dabei nicht einfach das Ufer, sondern streng definiert als »Schnittlinie der Wasseroberfläche mit der Landoberfläche, die sich bei Mittelwasserstand frei fließend, in Staubereichen durch den hydrodynamischen Stauspiegel bildet«. Die Zone, über welche die beiden Nachbarländer gemeinsam herrschen, beinhaltet auch explizit den Luftraum oberhalb des Flusssystems sowie den Untergrund (Wortlaut im Vertrag von 1984: »die Luftsäule oberhalb sowie den Erdsockel unterhalb der Wasserfläche innerhalb seiner seitlichen Begrenzung«).

Eine zusätzliche Besonderheit ist, dass das gesamte deutsch-luxemburgische Territorium – dazu zählt auch eine ebenfalls namenlose Insel in der Sauer – sowohl in Rheinland-Pfalz als auch im Saarland ein gemeindefreies Gebiet darstellt. Man sollte es also tunlichst vermeiden, auf dem ohnehin unspektakulären Nordende der Dreiländerinsel geboren zu werden, sonst kommen garantiert lebenslange Behördenkriege und Erklärungsnöte auf einen zu.

Beschaulichkeit und Weinbau im luxemburgischen Schengen.

Inselbegabungen

In vino caritas

Kanzem | Saar/Saarkanal
Rheinland-Pfalz | ca. 4 km²

49° 40' N
6° 35' O

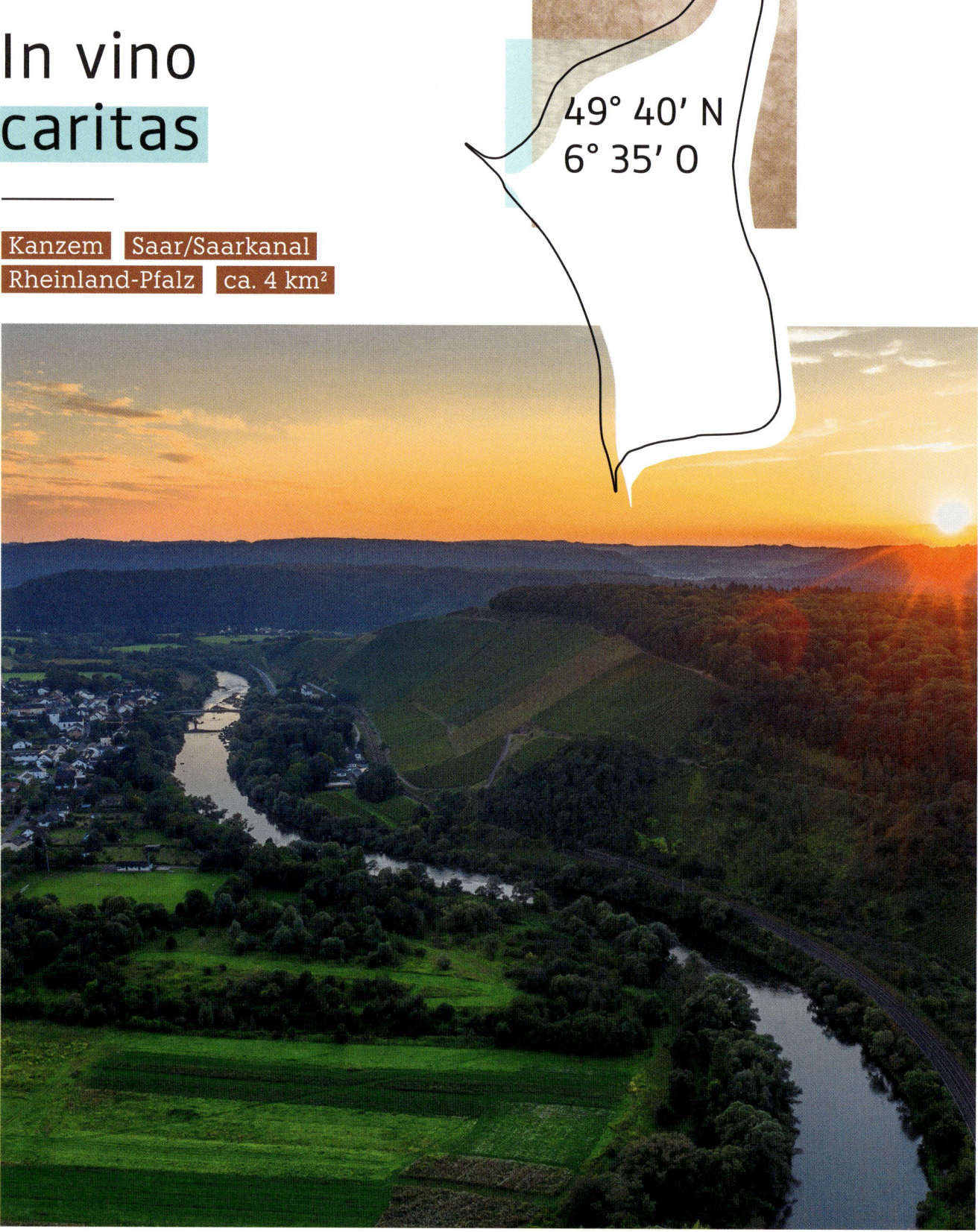

Inselbegabungen

134 – Kanzem

Mittels Schleuse durch den Saarkanal - seit gut 30 Jahren ist das möglich und in der Folge Kanzem eine Insel.

PLÖTZLICH LEBTEN SIE AUF EINER INSEL.

Nun gut, »plötzlich« ist übertrieben: Als der 4,5 Kilometer lange Schleusenkanal 1988 in Betrieb genommen wurde, waren gut zwei Jahrzehnte vergangen seit den ersten Überlegungen, die Saar, wie zuvor die Mosel, deren längster Nebenfluss die Saar ist, für die Großschifffahrt fit und im Zuge dessen Kanzem zu einer Insel zu machen. Bei Kanzem erfolgte die Erhebung der Saar zu einer bedeutsamen innereuropäischen Wasserstraße nun nicht dadurch, dass man die enge Kurve, die sie hier vollführt (Wiltinger Saarbogen), verbreiterte, sondern indem man von Schoden bis zur ehemaligen Hammer Fähre eine fünf Kilometer kürzere, geradlinige »Abkürzung« legte. Über diesen künstlichen Lauf tuckern heute Europaschiffe mit Transportkapazitäten von bis zu 1350 Tonnen und andere schwimmende Schwergewichte.

Jedenfalls wurde der größte Teil von Kanzem, das bis 1794 eine luxemburgische Enklave war und damit schon einmal eine Art »Inselstatus« genossen hatte, in den 1980er-Jahren zu einer Binneninsel. Seitdem wirbt der 1030 erstmals als »Camesa« urkundlich erwähnte 600-Seelen-Ort offensiv mit dieser Eigenheit. »Saarwein-Insel« steht unter dem Kartenausschnitt auf dem Ortseingangsschild, mit »Saar. Wein. Insel« ist in zeitgemäßem Marketingstil die Webpräsenz der Gemeinde untertitelt. Der Wein ist das zweite Tourismus- und damit Wirtschafts-Zugpferd, nicht umsonst prangt auf dem Wappen eine gelbe Traube zwischen zwei Weinblättern. Kein Weinführer, der was auf sich hält, lässt das kleine Kanzem und seine bemerkenswerte Ballung innovativer Winzer unter den Tisch fallen. Zu den Innovationen der jüngeren Zeit zählt beispielsweise die experimentelle Diversifizierung, bei der Thymian und Oregano zwischen Rebstöcken angebaut werden, wovon sich Forschende fruchtbare Böden und Erosionsvermeidung erhoffen. Einen Überblick der lokalen Saarweine kann man sich in der Vinothek »Buch und Wein« verschaffen. Unweigerlich wird man dabei auf einen prominenten Namen stoßen: Günther Jauch führt seit 2010 gemeinsam mit seiner Frau Thea das zum Verband der Prädikatsweingüter

Zwischen Saarburg und Trier kürzt die Saar durch einen Kanal bei dem Ort Kanzem eine Flussschleife ab.

gehörende Weingut von Othegraven. Der beliebte TV-Moderator ist seitdem quasi ein Ehrenbürger Kanzems. Die Ortswahl für Jauchs anspruchsvolles Hobby war indes nicht zufällig: Seine Großmutter war Elsa von Othegraven, und auf dem Weingut, das lange Zeit sein Großonkel Maximilian betrieb, hielt er sich in seiner Kindheit regelmäßig auf. Die von Othegraven'schen Tropfen gingen vor einer Weile als »Jauch-Weine« durch die Presse, als sie ins Sortiment von Aldi aufgenommen wurden; mittlerweile wird auf dem Spitzenweingut auch Riesling-Sekt hergestellt. Korrekterweise ist zu erwähnen, dass es sich bei Jauchs Erzeugnissen nicht um »Inselweine« handelt, denn das Weingut von Othegraven inklusive Deutschlands längster zusammenhängender Steillage befindet sich im Nordwesten außerhalb der Insel, am anderen Ufer des natürlichen Saarbogens.

EIN ILLUSTRER VORGÄNGER GÜNTHER JAUCHS ...

... war der 1860 geborene Trierer Kaufmann Peter Franz Weißebach, der das damals »Weißebach Erben« genannte Gut am Kanzemer Berg mit seinem Bruder von den Eltern übernommen hatte. Als Weißebach, ein Neffe der Gründerin der heutigen Caritas-Konferenzen Anna Weißebach, 1925 starb, vermachte er sein Vermögen der Stadt Trier. Allerdings hatte der jeher als Schalk berüchtigte Privatier eine freche Klausel in sein Testament eingebaut: Sämtliche Erlöse aus seinem Erbe sollten für den Bau eines Krematoriums eingesetzt werden. Würde die Stadtverordnetenversammlung allerdings fünf Jahre in Folge gegen den Bau stimmen, dürfe sie mit dem Geld einen neuen Volksgarten anlegen. Genau dies war auch Weißebachs Ziel: Er konnte davon ausgehen, dass in der erzkatholischen Gegend niemals für die Förderung von Feuerbestattungen votiert werden würde. Und so entstand nach fünf Jahren der heutige Trierer Palastgarten. Der hochwertige Kanzemer Wein des Jahrgangs 1921, der Teil von Weißebachs Nachlass war, ging als »Krematoriumswein« in die Geschichte ein. 1987 sendete der SWF in der Reihe »Miniaturen« ein Reenactment der kuriosen Erbsache, das mit Laiendarstellern im Kanzemer Wirtshaus »Zur Saar« aufgezeichnet wurde. Seit 1988 wird der Franz-Weißebach-Preis an sozial engagierte Personen mit Humor verliehen; zu den berühmtesten Ausgezeichneten gehören Reinhard Kardinal Marx und die rheinland-pfälzische Landesmutter Malu Dreyer.

Apropos Ehrung: Kanzem selbst wurde 2004 im Bundeswettbewerb »Unser Dorf hat Zukunft« (der bis 1997 »Unser Dorf soll schöner werden« hieß) mit Bronze ausgezeichnet, im Jahr davor war es Erster der Sonderklasse des Wettbewerbs »Unser Dorf« geworden, und 2000 holte es den 2. Preis im europäischen Dorferneuerungswettbewerb für ganzheitliche und nachhaltige Dorferneuerung von herausragender Qualität. Mit der katholischen Kirche St. Marien und dem Dorfkern Saarstraße/Im Krahnen kann Kanzem zwei Denkmalzonen vorweisen. Historisch bemerkenswert sind mehrere Wegekreuze, von denen das älteste auf 1695 datiert und ein zweites, um 1700 aufgestelltes, der Überlieferung nach an ein in der Saar gesunkenes Schiff erinnert. Auf die Insel und von ihr herunter gelangt man über vier Brücken. Jene im Norden ist die älteste, sie wurde 1956 nach der Zerstörung im Zweiten Weltkrieg wiederaufgebaut. Aus östlicher Richtung führt außerdem die Wiltinger Saarbrücke über die »Ur-Saar«, und den Stichkanal queren zwei Brücken, die erste bereits seit 1984.

Auf der Insel bieten sich nicht nur Weinverkostungen an, sondern auch Spaziergänge an Villen vorbei oder durch die Natur. Auf dem landschaftsökologischen Themenlehrpfad »Naturspur am Altarm der Saar« sind auf angenehme Weise Erkenntnisse zu Tieren, Pflanzen, Kiesgruben und mehr zu erwerben. Eine weitere Kanzemer Besonderheit ist der aus einem Bürgerprojekt hervorgegangene »Philosophische Friedhofsgarten«, der in vier Bereichen auf einem vorher ungenutzten Areal des Friedhofs – »Werden«, »Sein«, »Abschiednehmen«, »Paradies« – die Suche nach dem Sinn des Lebens abzubilden versucht. Bevor man den gefunden hat, kann man sich mit dem Aufspüren der Wahrheit begnügen, denn die liegt ja bekanntlich im Wein.

Inselbegabungen

Am steilen Fuß der Zugspitze

Maximiliansinsel Eibsee
Bayern 990 m²

47° 27' 28" N
10° 58' 23" O

Wenn der Eibsee gerade nicht von Influencern mit und ohne SUP überlaufen ist, ist es ein geradezu magischer Ort.

IM JAHR 1700 WAR EUROPA KEIN ALLZU WIRTLICHER ORT.

Gemeint ist nicht das Jahr 1700 unserer Zeit, denn da war wenigstens die Kleine Eiszeit vorbei und die Aufklärung blitzte am Horizont auf. Nein: 1700 v. Chr. zerstörte ein heftiges Erdbeben auf der Insel Kreta praktisch alle Zentren der minoischen Kultur und läutete das Ende der Alten Palastzeit ein. An der Zugspitze kam es währenddessen, vielleicht auch ein paar Jahre später, zu Bewegungen, die einige Inseln überhaupt erst entstehen ließen, darunter die Maximiliansinsel. Ein Fels mit einem Volumen von 350 Millionen Kubikmetern stürzte ins Tal und setzte dabei die Energie von 220 Hiroshima-Bomben frei (das sind zumindest die Zahlen, die in diesem Zusammenhang stets wiedergegeben werden, als würde sich irgendjemand etwas darunter vorstellen können). Am Ende dieses vermutlich sehr geräuschvollen Spektakels lagen acht Trümmerstücke des Riesenfelsens im Eibsee: die heutigen Inseln, die in alter Mundart Bühel, Büchel oder Bichl heißen.

Der Eibsee ist ein weiterer See, der zu Recht um den Rang des schönsten bayerischen Sees buhlt. Mit 973 Metern über dem Meeresspiegel ist er jedenfalls einer der höchstgelegenen Seen Deutschlands. Über die schönste Insel im Eibsee wurde bisher noch nicht abgestimmt, doch kann

Wenn Garmisch-Partenkirchen so etwas wie einen Haussee hat, dann den Eibsee.

sich die Maximiliansinsel damit schmücken, Schöne Insel geheißen zu haben, bevor sie zu Ehren Maximilians II. Joseph von Bayern umbenannt wurde. Der König, der sehr mit seiner Heimat verbunden war, ein unverkrampft herzliches Verhältnis zu seinem Volk pflegte und u.a. das Tragen von Tracht propagierte, unternahm 1858, größtenteils zu Fuß, eine Sommerreise, die ihn auch an den Eibsee führte. Als Maximilian sechs Jahre später starb, folgte ihm sein gerade mal achtzehnjähriger Sohn Ludwig. Die Ludwigsinsel, eine Nachbarinsel der Maximiliansinsel, wurde allerdings nicht nach dem Märchenkönig benannt, denn sie hieß bereits Anfang des 19. Jahrhunderts so, was auf den Großvater, Ludwig I., als Namenspaten schließen lässt. Unabhängig davon begab sich auch Ludwig II. auf Erkundungsreisen durch sein Land. Auch seine Mutter, Marie von Preußen, war eine begeisterte Alpenfreundin und gilt als erste Bergsteigerin Bayerns. Nach dem Tode ihres Gatten begab sich die Königinmutter noch einmal an den Eibsee und in die Umgebung, wo das Paar 16 Jahre zuvor so entzückende Eindrücke gesammelt hatte und von den Garmischern und Partenkirchenern sogar mit einem Fackelzug begrüßt worden war.

EIN BESUCH DER INSEL IST EIN FEST FÜR DIE SINNE.

Nicht nur ergibt sich vom Zentrum des Sees noch einmal ein ganz exquisiter Blick auf Deutschlands höchsten Berg, auch sorgt die Lage für besondere Schallbedingungen. Alte Reisebücher betonen, was für ein herrliches Echo sich von diesem Punkt aus ergibt, und für 12 Kreuzer, später 50 Pfennige, hat der Bootsmann einen Böllerschuss losgelassen, der »die polternden Berggeister« erwachen ließ: »Wie ein Hochgewitter schlägt der Knall donnernd an die Felsen der Zugspitze, und tausendfach prallt er zurück, um tiefer und ernster wieder zu kehren.« (Johann Nepomuk Ingerle: »Bayerns Hochland zwischen Lech und Isar«, 1863)

Die Maximiliansinsel war und ist ein beliebter Ort für Hochzeiten. Bis zu 25 standesamtliche Trauungen hat die Stadt Grainau jedes Jahr durchgeführt, bis der Gemeinderat 2015 beschloss, die Insel aus dem Amtsbezirk auszugliedern – der Aufwand war zu groß. Der informelle Teil der Heirat kann nach wie vor in diesem außergewöhnlichen Ambiente vollzogen werden, organisiert von den Betreibern des Eibsee-Hotels, in deren Familienbesitz See und Inseln seit 1884 sind (mit Unterbrechungen von 1941 bis 1972 wegen Requirierungen durch Luftwaffe und US-Army). 1813 fiel der von Anglern geschätzte Eibsee erstmals in Privatbesitz: Ortsansässige Fischer hatten ihn dem Staat Bayern für 100 Gulden abgekauft, nachdem dieser das Gebiet 1803 im Zuge der Säkularisierung erhalten hatte. Davor war er seit dem 13. Jahrhundert in bischöflicher Hand.

Die Inseln anzusteuern ist mit dem eigenen Schlauch- oder Faltboot ebenso möglich wie auf einem geliehenen Ruderboot oder sogar einem Tretboot mit integrierter Rutsche. Wer keinen Picknickkorb zu transportieren hat, betreibt das Inselhopping auf dem Stand-up-Board oder gleich schwimmend. Bei einer sieben Kilometer langen Rundwanderung, die in zwei Stunden machbar ist, kann man die Schätze des klaren und für seine Höhenlage oft erstaunlich warmen Sees auskundschaften. Das ist aber auch von Bord des Motorbootes »Reserl« möglich, das Passagiere von der Ostspitze zum Westufer und zurück fährt. Obacht: Das Abbrennen von Knallkörpern wird heute nicht mehr so gern gesehen. Womöglich möchte man keinen zweiten Felssturz provozieren.

Inselbegabungen

Salz der Erde, Bretter der Welt

Pernerinsel   Salzach
Hallein, Salzburger Land   60.970 m²

47° 41' N
13° 6' O

142 - Pernerinsel

Oft die einzige Möglichkeit, dem Nebel im Tal zu entkommen, ist die Flucht auf die Gipfel der Bramsteine bei Hallein.

IM HOCHSOMMER 2011 HATTE SICH HIER IN HALLEIN …

… bei Regen und Eiseskälte ein »verfrorenes Pressehäuflein«, wie die Süddeutsche Zeitung später in leicht larmoyantem Tonfall notierte, zusammengefunden und wartete auf eine fünfzehnminütige Pressevorführung von Auszügen der beiden »Faust«-Teile anlässlich der Salzburger Festspiele. Regen ist sowohl für Hallein als auch das rund 20 Kilometer nördlich gelegene Salzburg leider so charakteristisch wie Nockerln und – Salz (dazu gleich mehr). Im Jahr 2020 war Salzburg die Stadt in Österreich mit der zweitgrößten Niederschlagsmenge, übertroffen nur von einem anderen bedeutenden Festspielort, Bregenz. Fällt der Niederschlag gefroren zu Boden, wird er für das gleichnamige Bundesland zum Wirtschaftsfaktor. Der Wintersport hat über die Jahre extreme Ausmaße angenommen, weit mehr als 600 Skilifte gibt es mittlerweile.

Das Städtchen Hallein mit seinen etwas über 21.000 Einwohnern – den höchsten Ausländeranteil machen Deutsche aus – ist allein wegen seiner natürlichen Flussinsel ganzjährig eine Reise wert: im Winter wegen des dortigen Weihnachtsmarkts, im Herbst wegen der alle zwei Jahre stattfindenden Tennengauer Messetage (»Messe rund

16 km bevor die Salzach Salzburg erreicht, umfließt sie die Pernerinsel in Hallein.

ums Bauen, Wohnen, Auto, Freizeit, Landwirtschaft und Wellness«) – und insbesondere von Juli bis August, wenn die Pernerinsel im Fluss Salzach zu einer Spielstätte der Salzburger Festspiele wird. Erstmals geschah das 1992, aufgeführt wurden »Medea«, »Elektra« und »Die Troerinnen«, es folgten bis 2021 u.a. »Hamlet«, »Macbeth«, »Peer Gynt«, »Der Sturm« und »Maria Stuart«. Gespielt wird im alten Sudhaus der ehemaligen Saline. Errichtet in der Mitte des 19. Jahrhunderts, unterstand die Anlage seit 1868 dem k.-u.-k.-Finanzministerium und war der bedeutendste Arbeitsplatz in der Region. Von der traditionellen Wichtigkeit der Salzgewinnung und -verarbeitung zeugen Ortsnamen wie Salzburg und Salzach und auch Hallein selbst, worin die althochdeutsche Wurzel »hal« für »Salzwerk« steckt. Bis 1989 wurde hier Salz produziert, bevor mit dem Schnee, wenn man so will, ein weißes Gold das andere ablöste.

Ihren Namen verdankt die Pernerinsel dem Bergwerksbesitzer und Schlossbauer Christoph Perner von Rettenwörth, dessen zentrale Vision die Schiffbarmachung der Salzach von Lend bis Salzburg war, ein schon damals nicht umstrittenes Projekt, das mit seinem Tod 1568 aufgegeben wurde. Vormals hatte die auch »Perner-Insel« geschriebene Salzachinsel noch zwei größere Schwestern im Stadtgebiet von Hallein, auf einer davon, der Pitschachinsel, befand sich bis zum Zweiten Weltkrieg ein beliebtes Strandbad.

NICHT WENIGER ALS FÜNF WEGE FÜHREN HEUTE AUF DIE PERNERINSEL, …

… drei davon können mit dem Auto befahren werden, wie auch der Parkplatz in der Inselmitte (drei Stunden gratis!), was zahlreiche motorisierte Gäste dazu animiert, die Pernerinsel als Ausgangspunkt für Stadtbesichtigungen oder Wanderungen zu erkiesen. Schon auf einem Gemälde von 1726 sind drei Brücken auszumachen, außerdem ein Steg, der wie sein Nachfolger, der 2019 eingeweihte Pfannhausersteg, die Insel nahe Keltenmuseum mit der Halleiner Altstadt verbindet. Das Museumsgebäude beherbergte früher das Pfleggericht. Pfleggerichte waren teils bis ins frühe 19. Jahrhundert bestehende Verwaltungsinstitutionen in Bayern und Österreich. Das Salzburger Pfleggericht wurde von den Erzbischöfen – welche übrigens die Pernerinsel als Lustgarten nutzten – im 13. Jahrhundert geschaffen. Pfleggarten heißt noch heute der südliche Inselteil, auf ihn führte die nicht mehr existierende Pflegbrücke. Und die Salinenkapelle oder Heilig-Geist-Kapelle aus dem 17. Jahrhundert kannte man als »Pflegekapelle«, solange es das bischöfliche Amt des Pflegers gab.

WER ÜBER DIE STADTBRÜCKE AM SÜDLICHEN ZIPFEL AUF DIE INSEL KOMMT, …

… kann wagmutig auf den Skywalk hinaustreten. Von dem Kunstwerk lässt sich überprüfen, ob die Salzach sich hier eher wie ein »wüthender Strom« gebart oder »wie geschmolzenes Blei« daliegt – gemäß einem Reiseführer von 1861.

Kapitel 4
Eskapisten

Inseln sind geradezu prädestiniert für freiwilligen oder unfreiwilligen Rückzug und Kontemplation. Genau richtig für Menschen mit Hang zum Eskapismus.

Eskapisten

Dark Tourism

Steinkopfinsel | Elbe
Sachsen-Anhalt | 323.906 m²

52° 10' 44" N
11° 40' 41" O

Ein deutlich angenehmerer Ort als die raue Steinkopfinsel: Magdeburgs historische Altstadt.

WIE VIELE BINNENINSELN GIBT ES EIGENTLICH IN DEUTSCHLAND?

Diese Frage sollte in der Theorie einfach zu beantworten sein, möchte man meinen. Doch in der Praxis taucht ein Bündel von Folgefragen auf, sobald man mit der Zählung beginnt. Das ZEIT-Magazin verzeichnete im Juni 2021 auf seiner »Deutschlandkarte« 450, doch wie sicher darf man sich dieser Angabe sein? Wann ist eine Insel überhaupt eine Insel, wann eine Halbinsel? Kartenmaterial kann man nicht zu 100 Prozent vertrauen, denn da werden lediglich Momentaufnahmen abgebildet. Was heute als Halbinsel in einen See ragt, mag morgen schon durch einen Wasseranstieg zu einer echten Insel mutieren, so wie die Aufschüttung eines Flussarms eine bisherige Insel in ein Uferstück verwandeln kann. Manche Inseln werden womöglich gar nicht als Insel erkannt, sondern wie **Krautsand** (S. 102) als gewöhnliches Landstück wahrgenommen oder wie die **namenlose Inninsel mit Schloss Neuhaus** (S. 30) als bessere Stromschnelle abgetan.

Und so ist die exakte Zahl der deutschen Fluss- und Seeinseln ähnlich schwer zu bestimmen wie die sämtlicher Seen des Landes: Wissenschaftlichen Datenbanken und offiziellen Angaben zufolge kann man von 12.200 Seen ausgehen. Schätzungen dagegen nehmen gar zwischen 15.000 und

Hinter Magdeburg zweigt an der Steinkopfinsel die Elbe zum Mittellandkanal ab.

30.000 stehende Gewässer mit einer Fläche über einen Hektar an. In Österreich sollen sich rund 25.000 Seen befinden, in der Schweiz immerhin 1500. Und da kann man froh sein, nicht in einem Viel-Seen-Land wie Kanada von Zahlen erschlagen zu werden, wo es allein im Gebiet der Großen Seen über 35.000 Binneninseln bzw. -archipele gibt und das sich damit rühmen kann, die größte Binneninsel der Welt zu beheimaten (Manitoulin im Huronsee mit ihrerseits über 100 Inselseen und einer Fläche von 2766 km² größer als – unvermeidlicher Vergleich – das Saarland).

VIELLEICHT IST ES AUCH GAR NICHT NÖTIG, GENAU ZU WISSEN, …

… wie viele Eilande, Sandbänke, Felsen, Untiefen und Inseln in heimischen Seen und Flüssen liegen. Oder anders: Vielleicht hält es kaum jemand für nötig, weil nicht jede Insel gleichermaßen registrierenswert ist. So wie es einzigartige und vernachlässigbare Parks, Berge, Friedhöfe, Schlösser oder Wege gibt, gelten vereinzelte Inseln als Sehenswürdigkeit, Naturschatz, Hingucker, Ausflugsziel oder singuläre Landmarke, während der Großteil der Binneninseln eine unspektakuläre, unbeachtete Existenz führt.

Beispiel Magdeburg: Die Elbinsel Werder ist ein eigener Binneninsel-Stadtteil mit mehr als 3000 Einwohnern und einigen lokal bedeutsamen Gebäuden wie dem Landesfunkhaus des MDR Sachsen-Anhalt. Kaum beachtet dagegen wird die Steinkopfinsel im Norden. Eingequetscht zwischen der Elbe, dem Zweigkanal und dem Abstiegskanal Rothensee, ist sie Teil des Industriehafens und versprüht staubgrauen Gewerbegietscharme. Sandberge, Kräne, Container, Schienen, Schutthaufen, Transporter, Rampen, am oberen Zipfel Windräder – die Steinkopfinsel ist kein Ort für eine Sonntagnachmittagsradtour mit anschließendem Picknick. »In diesem Gebiet wickeln Gruppierungen ihre Geschäfte ab, die man nicht mal tagsüber in der Innenstadt treffen möchte«, schreibt ein Internetforennutzer über die Gegend, in einem Zusammenhang, über den gleich zu sprechen sein wird. Dabei lässt sich die Insel, die möglicherweise nach einem Lokalpolitiker benannt ist, der während der Wende vom 18. zum 19. Jahrhundert in der Gegend wirtschaftlich aktiv war, gut befahren. Angler sollen sich hier gelegentlich treffen. Am südwestlichen Zugang lädt sogar ein Brückenimbiss zum Vespern ein.

Trotzdem: Wer hier nicht arbeitet, lässt die ungastliche Insel links oder rechts liegen. Wer nur zu Besuch in Magdeburg ist, sowieso. Spätestens seit 1998 weiß man zudem, dass dieser Ort nicht ungefährlich ist. In jenem Jahr trug sich ein ominöses Verbrechen auf der Steinkopfinsel zu, über das 2018 »Aktenzeichen XY ungelöst« einen Beitrag brachte. Am frühen Abend des 6. März entdeckte ein Lkw-Fahrer in der Nähe einer Lagerhalle den schwer verletzten 38-jährigen Karl-Heinrich Gross, Manager der »Kastelruther Spatzen« und Bruder von deren Keyboarder. Die Volksmusikkapelle war am Vortag im Rahmen ihrer Tournee in der Stadt gewesen. Gross starb trotz Not-OP wenig später an den Folgen seiner Kopfverletzungen. Die genauen Umstände der Tötung sind bis heute ungeklärt, Details und Spekulationen kann man mit etwas Suche in einem einschlägigen Internetforum studieren, in dem auch Fotos und Eindrücke des Tatortes ausgetauscht werden.

IN JÜNGSTER ZEIT IST DER SOGENANNTE DARK TOURISM POPULÄR GEWORDEN, …

… das gezielte Besuchen »verfluchter« oder sonstwie belasteter Orte, häufig mit dem Ziel, hinterher stimmungsvolle Bildbeweise auf YouTube oder Instagram zu teilen. Aufgegebene Psychiatrien, Unglücksstätten, Sperrzonen in Katastrophengebieten bieten sich an, und eben auch True-Crime-Hotspots. Wäre die Steinkopfinsel nicht mit dem mysteriösen Mord an »Spatzen«-Manager Gross assoziiert, könnte man wohl gar nichts über sie schreiben. Doch gerade diese Blässe ist auf paradoxe Weise faszinierend, zeigt sie doch, dass es eben auch Binneninseln gibt, die das Profane, Nichtssagende einer Menschenansiedlung verkörpern wie andere Orte auch.

Eskapisten

Drei Flüsse, zwei Inseln, eine Stadt

Tanzwerder   Fulda & Werra   Niedersachsen
78.000 m²

51° 25' N
9° 39' O

Ein Kind seiner Zeit: der alte Weserstein, dessen Inschrift die Verhältnisse klarstellen sollte.

ES WIRD SICH WOHL NIE MIT SICHERHEIT KLÄREN LASSEN, …

… wer die Verse auf dem Weserstein wirklich dichtete. War es sein Stifter Carl Natermann, dessen Nachname noch heute im Firmennamen des hier ansässigen Etikettenherstellers Haendler & Natermann GmbH widerklingt? War es Carl Natermann junior, sein Sohn? Waren es beide? Fakt ist, dass der Stein 1899 eingeweiht wurde, am 2. September, der im Kaiserreich als »Sedantag« offizieller Feiertag war. Überliefert ist auch, dass sich kurz nach Bekanntgabe der Inschrift im Juli zahlreiche Einheimische zu Um- und Weiterdichtungen beflügelt sahen. Eines der durch die Lokalpresse verbreiteten Amateurpoeme modifizierte die letzte Zeile, welche der Fabrikant Natermann senior ursprünglich als »allhier der schöne Weserfluss« in Auftrag gegeben hatte, sodass sie zum damaligen nationalistischen Zeitgeist passte. Diesem Vorschlag beugte sich Natermann, und deswegen lesen wir heute auf dem 70-Zentner-Felsbrocken in der »Drei-Flüsse-Stadt« Hannoversch Münden dies:

»Wo Werra sich und Fulda küssen
Sie ihre Namen büssen müssen,
Und hier entsteht durch diesen Kuss
Deutsch bis zum Meer der Weser Fluss.
Hann. Münden, d. 31. Juli 1899«

Trauzeuge der Vermählung von Werra und Fulda wird man genau hier, an der Nordspitze der Insel Tanzwerder, im Schatten einer 1879 gepflanzten Kastanie. Wobei die Situation wie so oft im Leben etwas komplizierter ist. Ein Nebenarm der Werra und ein Nebenarm der Fulda (der Mühlenarm) fließen nämlich schon kurz vorher zur sogenannten Kleinen Weser zusammen, und diese verläuft

Ziemlich genau zwischen Göttingen und Kassel vereinen sich Fulda und Werra am Tanzwerder.

zwischen der oberen Hälfte des nördlichen Tanzwerders und dem Doktorwerder. Auch das bedarf einer Erklärung. 1897 wurde der Tanzwerder durch eine künstliche Verlängerung des Fuldanebenarms samt Schleusenbau in zwei Teile geschnitten. Die Nordinsel heißt seitdem Unterer Tanzwerder, die Südinsel Oberer Tanzwerder. Bei dem Doktorwerder handelt es sich um eine weitere Binneninsel, der sich südöstlich in der Werra der im Winter hochwasserbedingt unzugängliche Blümer Werder anschließt. Am besten verschafft man sich auf einer Satellitenaufnahme einen Überblick über das Chaos – oder noch besser vor Ort.

Hann. Münden trägt den Bestandteil »Hann.« = Hannoversch – der von vielen Einheimischen auch in dieser Kurzform gesprochen wird – offiziell erst seit 1991. Im Bahn- und Postverkehr war er schon davor in Gebrauch, um Verwechslungen mit Minden/Westfalen zu vermeiden. »Die Mündener haben zahlreiche Vergnügungsörter«, schrieb der Braunschweiger Schriftsteller Wilhelm Görges (1813–1894) über »einen der lieblichsten Punkte Norddeutschlands«. Kein Wunder, dass die Stadt im Landkreis Göttingen eine Etappe des Märchenlandwegs ist: Der seit der Jahrtausendwende bestehende Fernwanderweg führt über eine Hängebrücke auf den Unteren Tanzwerder. Dass der Tanzwerder seit Langem einer der prominentesten Vergnügungsorte ist, lässt sein Name vermuten, doch ist Tanz hier in einer alten Nebenbedeutung »Kampf« oder »Vorgang, wobei es lebhaft hergeht« (Grimmsches Wörterbuch) zu verstehen. Bereits Mitte des 15. Jahrhunderts war der Ort als Vogelschießplatz bekannt und sein Name erstmals als »Tanzwerder« oder »Danselwerder« dokumentiert, davor hieß der Werder schlicht »Werder«. Seitdem fanden auf ihm auch Volksfeste, Zirkusgastspiele und andere gesellige Zusammenkünfte statt, obwohl das militärische Element bis in die jüngere Vergangenheit nie ganz aufgegeben worden ist. Die Insel stellte von jeher einen strategisch bedeutenden Verteidigungsposten dar, wurde als Exerzier- und Turnierplatz genutzt, und noch Anfang des 20. Jahrhunderts verabredeten sich hier Studenten zu Schießübungen. Auch darf, als düstere Fußnote, nicht unerwähnt bleiben, dass auf dem Tanzwerder während der Novemberpogrome 1938 das geplünderte Inventar der zerstörten Mündener Synagoge verbrannt wurde.

Heute schätzt man die Doppelinsel im Mündener Talkessel als Campingplatz, als Location für das Festival »Rock for Tolerance« oder als Standort des »Interkulturellen Gartens« mit Pflanzen, die in Bibel und Koran erwähnt werden. Dem großen Parkplatz, auf dessen Fläche zuvor regelmäßig gebolzt wurde, kommt immer wieder rein zweckmäßige Nutzung zu, etwa als Sammelplatz für Altweihnachtsbäume, und im Extremwinter 1978/79 brachten Lkws die gigantischen Schneemassen aus der Altstadt hierher, um sie in der Fulda zu verklappen.

EIN SCHÖNES SYMBOL FÜR LANGJÄHRIGE BEZIEHUNGEN:

Die einstige Leidenschaft, die vom Kuss zwischen Fulda und Werra auf die Beiwohnenden abfärbte und zu Vergnügungen aller Art inspirierte, ist einer gewissen Profanität gewichen, neben dem Liebesnest am Weserstein hat sich der Alltag eingeschliffen. Damit soll weder der Obere noch der Untere Tanzwerder als »banaler« Stadtteil unter vielen abgetan werden! Vielmehr zeigt das Mündener Beispiel, wie vorzüglich der Stadtmensch Binneninseln in sein Leben integrieren kann, ohne das Exzeptionelle dieser Landschaftsform aus den Augen zu verlieren.

Hannoversch Münden am Beginn der Weser.

Eskapisten

Zwei Obelisken

48° 31' 5" N
9° 3' 7" O

Neckarinsel   Neckar   Baden-Württemberg
50.000 m²

»Ihr holden Schwäne / Und trunken von Küssen / Tunkt ihr das Haupt / Ins heilignüchterne Wasser« Friedrich Hölderlin

VON DER MITTE DER EBERHARDSBRÜCKE, ...

... die auch schlicht Neckarbrücke genannt wird, weil sie ewig die einzige Brücke über Tübingens Hausfluss war, geht sie ab: die Platanenallee. Sie führt über eine etwa einen Kilometer lange Insel und ist nicht nur subjektiv die schönste Europas – so meint es die Königlich Württembergische Forstdirektion in ihrem »Schwäbischen Baumbuch« von 1911 –, sondern objektiv die älteste Deutschlands. Aus einem rezenten Archivfund weiß man, dass im Jahr 1828 in zwei Reihen 96 Exemplare der Amerikanischen Platane gesetzt wurden. Lange hielt sich die Legende, dass Tübingens letzter Scharfrichter, Georg Friedrich Belthle, die Pflanzung vorgenommen habe, als »Umschulungsmaßnahme«, allerdings war der bereits 1824 gestorben. Ein anderer Friedrich, nämlich Hölderlin, der bis zu seinem Tod 1843 in dem heute als Hölderlinturm bekannten Gebäude am Nordufer lebte, spazierte gern zwischen den noch jungen Bäumen entlang, bevor er zu krank und schwach dafür war. Zu dieser Zeit war die Insel noch keine Insel, sondern ein Streifen Land, der erst 1910 durch einen Kanal vom Südufer abgetrennt wurde. Kurz nach ihrer »Geburt« wurde die Insel sogleich prominent in das Stadtgeschehen eingebunden. Als die Tübinger Universität im Sommersemester den Rekord von 2000 Einschreibungen knacken konnte, sollte dies unter anderem mit einer »italienischen Nacht« auf der

Der Reiz der laublosen Zeit: Dann ist der Blick von der Neckarinsel auf die Tübinger Altstadt frei.

Platanenallee zelebriert werden. 148 Tische wurden auf der Neckarinsel aufgestellt und empfingen am Abend des 22. Juni den Festzug, dessen Teilnehmer durch strömenden Regen paradiert waren und nun – Höhepunkt der Feierlichkeiten! – mit Bier aus lokalen Brauereien verköstigt wurden.

Junge Leute zieht es noch heute auf diesen Flecken der Unistadt, der vielen als ihr hübschester gilt. Das hat vor allem im Sommer schon mal akustische Nebenwirkungen, die Neckarinsel ist vielen Anwohnern ein Synonym für »nächtliche Ruhestörung«. Tagsüber ist Stand-up-Paddeln um die Insel angesagt, und Spreewald-Feeling kommt bei Menschen auf, die sich auf einem Stakenkahn, hier Stocherkahn genannt, herumfahren lassen. Außerdem startet auf der Insel alljährlich das skurrile Tübinger Entenrennen, bei dem für einen guten Zweck gelbe Badeentchen in den Neckar gesetzt werden und um die Wette schwimmen.

FÜR EIN ABENDLICHES RENDEZVOUS BIETET SICH DAS SEUFZERWÄLDCHEN ...

... im Westteil der Insel an, zumindest liegt eine alte Deutung dieses Namens in den leidenschaftlichen Seufzern verliebter Pärchen, die man hier hören konnte und kann. Eine andere Erklärung bezieht sich auf Klagelaute und Todesgejammer, weil sich in diesem Wäldchen eine Richtstätte befunden haben soll – Henker Belthle lässt grüßen.

Im Seufzerwäldchen erinnert zudem ein Obelisk an eine der bedeutendsten Einwohnerinnen der Stadt. Ottilie Wildermuth, geboren in Rottenburg, aufgewachsen in Marbach, zog zwar erst als Erwachsene mit ihrem Mann nach Tübingen, prägte aber bis zu ihrem Tod 1877 das geistig-kulturelle Leben Tübingens, beispielsweise als Gründerin eines Frauenzirkels, Fremdsprachenlehrerin und als das, was man heute »Charity-Lady« nennen würde. Vor allem war sie als Autorin und Herausgeberin eine der meistgelesenen Frauen ihrer Zeit und bekam 1871 die große goldene Medaille für Kunst und Wissenschaft des Königreichs Württemberg verliehen. Ottilie, geborene Rooschütz, und ihr Gemahl, der Gymnasialprofessor Wilhelm David Wildermuth, waren gut vernetzt. Zu ihrem Freundeskreis zählten Vertreter der Schwäbischen Dichterschule, darunter Ludwig Uhland. Der als Germanist, Jurist und Landtagsabgeordnete tätige Sohn der Stadt, der in den Namen einer Straße und einer Schule am Neckarufer weiterlebt, verfasste mit Anfang zwanzig ein Lied, das bis heute zu Traueranlässen bei der Bundeswehr erklingt, in Marcel Reich-Ranickis Literaturkanon aufgenommen wurde und einigen gar als »heimliche deutsche Hymne« gilt. Als Uhland 1809 »Der gute Kamerad« dichtete, verarbeitete er darin eigene Kriegseindrücke und schildert das Fallen eines Mitsoldaten im Kampf. Die Idealisierung von Kameradschaft und Heldentod, die man darin lesen kann, wurde im Nationalismus erwartbar auf die Spitze getrieben. Ein regelrechter Kult wurde in der NS-Zeit um den Komponisten des auch bei der Wehrmacht gesungenen Liedes getrieben: Friedrich Silcher, 1860 in Tübingen gestorben, hatte den »Guten Kameraden« 1825 vertont (obwohl es bereits eine Version gegeben hatte) und war – nicht nur dafür – 13 Jahre nach seinem Tod mit einem Denkmal geehrt worden. Man hatte an der Neuen Aula der Uni einen Obelisken errichtet, der 1928 auf die Neckarinsel versetzt wurde, wo er harmonisch mit dem Wildermuth-Denkmal korrespondierte. Die bald darauf an die Macht gekommenen Nazis fanden den Obelisken altmodisch und des großen Komponisten nicht würdig und ersetzten ihn durch ein fast sechs Meter hohes Sandsteinmonument als Teil einer geplanten »Thingstätte« für Gesangsdarbietungen.

Die Skulptur wurde nach dem Kriegsende als Musterbeispiel nationalsozialistischer Kunst stehen gelassen und 2018 sogar saniert, was einen relativ einzigartigen Fall darstellt und bis heute ein »Geschmäckle« hat. Erst 2020 wurde der Koloss zum Mahnmal gegen die Vereinnahmung der Künste durch rassistische und nationalistische Kräfte umgewidmet.

Links und rechts der Platanenallee fließt der Neckar.

Eskapisten

Der Schatz im Ammersee

Schwedeninsel   Ammersee
Bayern   17.000 m²

47° 56' 36" N
11° 7' 50" O

Weite Teile des Südufers sind unter Naturschutz – hier liegt auch die verlandende Schwedeninsel.

FRAGT MAN IM FÜNFSEENLAND EINEN DER VIELEN ZUGEZOGENEN, …

… wie viele Inseln es im Ammersee gebe, antworten die höchstwahrscheinlich: »null«. Denn anders als die **Mausinsel** (S. 34) im benachbarten Wörthsee ist die Schwedeninsel in Bayerns drittgrößtem See kaum mehr als Insel zu erkennen, ja sie gilt manchen als Halbinsel. Wer kein Ignorant ist, weiß freilich, dass die Schwedeninsel lange Zeit sehr wohl eine deutlich vom Festland abgeschnittene Landmasse war, kennt vielleicht sogar den alten Namen »Erlaich«.

Landmasse ist allerdings schon das falsche Wort, Quellen aus dem 19. Jahrhundert sprechen passenderweise noch von einer »schwimmenden Insel«. Wie ist sie entstanden? Die Insel befindet sich heute ziemlich genau zwischen den Zuläufen von Rott und Ammer. Früher floss die Ammer jedoch lange Zeit weiter westlich in den See: Das organische Material, das sie währenddessen mit sich führte, setzte sich nach und nach ab, wurde zu einer Art schwimmendem Mutterboden komprimiert und bildete die Grundlage für den Erlaich. Und damit einen einigermaßen stabilen Zufluchtsort für Menschen. Im Kriegsjahr 1632 retteten sich die Einwohner des Marktes Dießen vor brandschatzenden Schweden auf den Erlaich und verschanzten sich, so hat es die Stadtchronik festgehalten, drei Wochen lang bei Hunger und Angst auf diesem Eiland, das fortan als »Schwedeninsel« bekannt sein sollte. Hätte die Invasion im Winter stattgefunden, wäre sie vielleicht ähnlich ausgegangen wie die Verfolgung am Alpsee bei Immenstadt im Allgäu. Der Große Alpsee verfügte damals wie heute über keine rettende Insel, war aber, als die Schweden einfielen, zugefroren. Den Einheimischen gelang es, mindestens ein Dutzend schwedischer Soldaten samt Pferden zu einer Stelle mit dünner Eisdecke zu locken, sodass diese einbrachen und ertranken. Diese Stelle heißt bis heute »Schwedenbrunnen«. Weniger erfolgreich in der Abwehr der skandinavischen Heerscharen war die Insel Mainau, wo der – allerdings erst 1558 errichtete – »Schwedenturm« noch

Wenn der warme Föhn von den Alpen herunterweht, sind die Alpen zum Greifen nah – eine optische Täuschung.

heute an die Besatzung und Plünderung durch schwedische Truppen ab 1647 erinnert.

Doch zurück an den Ammersee. Während der Spanischen Erbfolgekriege bot der Erlaich erneut Schutz, als die Ortsansässigen auf der Flucht vor den österreichischen Truppen 1704 hier nicht nur ein provisorisches Versteck aufbauten, sondern gut 100 Häuschen, die mehr als 1000 Menschen beherbergten.

SPUREN VON HÜTTEN FINDET MAN MEHR ALS 300 JAHRE SPÄTER KEINE MEHR, ...

... auch nicht von jener neueren Ursprungs, die man beispielsweise auf einer Postkarte von 1942 bewundern kann, eine urige Blockhütte mit Sitzgelegenheiten davor: das Café Erlaich, ein ab den 1920er-Jahren beliebtes Ausflugsziel. Es wurde während des Zweiten Weltkriegs durch ein Geschoss zerstört, das auf dem örtlichen Luftwaffenübungsplatz abgefeuert worden war. Tagestourismus war zu dieser Zeit ohnehin nicht mehr möglich. Ein kurzes Wiederaufleben gab es nach Kriegsende, als ein neues, robusteres Café- und Wohnhaus entstand, aber auch dieses ist inzwischen vollständig abgetragen und so gut wie vergessen. Ein in den 2000er-Jahren privat errichtetes Bootshaus musste nach einem Rechtsstreit mit dem Freistaat Bayern wieder entfernt werden – Naturschutz!

Nach ihrer absehbaren vollständigen Verlandung wird auch die Schwedeninsel in Vergessenheit geraten und nur mit dem Namen auf ihren einstigen Zustand erinnern. Immer mehr Pflanzen werden das Naturschutzgebiet Vogelfreistätte Ammersee-Südufer zurückerobern und dabei verdecken, was möglicherweise unter ihnen schlummert ... In einigen Überlieferungen heißt es, die Dießener hätten bei ihrer Flucht vor den Schweden Gold, Kirchenschmuck und persönliche Wertsachen auf der Insel vergraben, und wer weiß, wie viel davon später wieder gehoben und an Land geschafft wurde?

Eskapisten

Schäferstündchen

Krautinsel Chiemsee Bayern
35.000 m²

47° 52' 6" N
12° 24' 59" O

164 - Krautinsel

Umkurvt von Ausflugsschiffen und Freizeitkapitänen liegt die Krautinsel genau zwischen Herren- und Fraueninsel.

AUF DER ALM, DA GIBT'S BEKANNTLICH KOA SÜND'.

Aber die nächste Alm ist ein paar Kilometer weit weg, und die äußerst praktisch auf halber Strecke zwischen Herren- und Fraueninsel gelegene Krautinsel lud schon vor langer Zeit zum Sündigen ein: Die Nonnen des Klosters Frauenwörth und die Mönche vom Kloster Herrenchiemsee trafen sich hier regelmäßig, um ihr Keuschheitsgelübde zu brechen. Das unzüchtige Treiben ließ sich der Herrgott freilich nicht lange gefallen, und so verbannte er irgendwann die Seelen der abtrünnigen Brüder und Schwestern auf den Grund des Sees, und wenn sich heute auf der Oberfläche besonders ungestüme Wellen zeigen, dann weiß man: Die Mönche und Nonnen von anno dazumal spuken wieder umher.

Die Krautinsel ist die unbewohnte Perle im Bayerischen Meer, dem Chiemsee.

So erzählt man es sich zumindest in stürmischen Nächten an Deutschlands drittgrößtem See. In einem alternativen Ende der Sage hat Gott zusätzlich, als Bonus-Racheakt quasi, dafür gesorgt, dass auf der Krautinsel nichts gedeiht außer eben – Kraut. Dass man hier lange Zeit Gemüse, Getreide und Küchenkräuter angebaut hat, ist u.a. durch ein lateinisches Zitat von 1589 belegt. Ein Ring aus Bäumen erweiterte die Vegetation, und an dem saftigen Gras tun sich alljährlich Schafe gütlich. Jeden Sommer wird eine Herde zum Weiden auf die Insel geschifft. Kormorane, Graugänse, Krähen und Baumfalken nutzen die unbewohnte Krautinsel als Ruheplatz genauso gern wie Menschen, die zum entspannten Picknicken die kiesigen Ufer anpaddeln, beispielsweise von der Feldwieser Bucht aus, was in etwa der Route des allerersten Dampfschiffs entspricht, das 1845

Richtung Fraueninsel fuhr. Als Alternative zu den beiden oft überlaufenen Nachbarinseln ist die Krautinsel längst kein Geheimtipp mehr. Schon der Schriftsteller Ludwig Thoma ruderte als Kind in den Sommerferien auf die Krautinsel. Seine Mutter, die ein Gasthaus am Chiemsee gepachtet hatte, »ahnte, daß die schönen Obstanlagen auf der Herreninsel einen starken Reiz auf mich ausüben mußten, und daß ein Pirat immer in Versuchung war, sich auf der Krautinsel Rettiche zum Brot zu holen« (»Erinnerungen«, 1919).

SIE IST ÜBRIGENS NICHT DIE KLEINSTE INSEL IM CHIEMSEE:

Das künstliche, lediglich mit einer Weide bestandene, 4,7 × 4,7 Meter kleine Quadrat namens Schalch ist die offizielle vierte Insel, zudem gibt es am Südende der Krautinsel zwei winzige Ausläufer, die manchmal überschwemmt, manchmal über freiliegende Kiesbänke zu erreichen sind. Diese Anhängsel sowie der Schalch sind verwaltungspolitisch interessant, sie gehören nämlich nicht wie die anderen Inseln zur Gemeinde Chiemsee im Landkreis Rosenheim, sondern mitsamt dem Gewässer zum gemeindefreien Gebiet Chiemsee und damit zum Landkreis Traunstein.

Die Krautinsel war auch als »Künzelau« bekannt, noch vor wenigen Jahrzehnten sprachen ältere Gewährsleute von der »Au«. Heute ist sie Landschaftsschutzgebiet, weshalb das Idyll weder von Lagerfeuerresten noch Campingabfällen getrübt wird, und die paar Bootshütten, die hier verteilt sind, stören auch nicht weiter. Dass es auf der 1337 erstmals urkundlich erwähnten Insel schon früher menschliche Aktivitäten gegeben hat, bezeugen zahlreiche steinzeitliche Funde. Darüber hinaus wurden Speerspitzen, eisenzeitliche Keramikreste, römische Münzen sowie mittelalterliche Gefäßfragmente zutage gefördert, und das geschulte Auge erkennt sogar noch die einstigen Parzellen für den klösterlichen Kräuteranbau.

NICHT NUR DER ERDBODEN WAR BEDEUTSAM ...

... für die lokale Nahrungsgewinnung – sogar Kartoffeln und Rüben wurden auf der »Au« gezogen –, sondern selbstverständlich auch der See selbst: Zwischen Krautinsel und Frauenchiemsee liegt die Hachel, eine besonders tiefe Stelle des »Bayerischen Meers« und ein Tummelplatz vieler der in ihm vertretenen rund 30 Fischarten. Zur anderen Seite hin begibt man sich abermals ins Reich der Legenden: Demnach soll Ludwig II. nicht im Starnberger See, sondern irgendwo zwischen dem Schlosskanal Herrenchiemsee (»Grand canal«) und der Krautinsel geistig umnachtet sein nasses Grab gefunden haben. Doch der 1886 umgekommene König von Bayern war dem Chiemsee im Leben mehr verbunden als im Tod. Als er 1873 die Herreninsel kaufte, um darauf sein Schloss Herrenchiemsee als »neues Versailles« bauen zu lassen, wurde nach einer mehrjährigen Ruhephase die Schifffahrt auf dem Chiemsee wieder aufgenommen und floriert als Flotte mit 15 Schiffen bis in die Gegenwart. Dass der Geist des Märchenkönigs sich mit unzüchtigen Ordensbrüdern und Benediktinerinnen auf dem Boden des Chiemsees vergnügt, ist trotzdem eine hübsche Vorstellung.

Eskapisten

Der Fluch der Schönheit

Namenlose Insel   Schrecksee
Bayern   7.400 m²

47° 26' 13" N
10° 27' 58" O

Eine der anspruchsvolleren Routen zum Schrecksee führt über die Willersalpe.

»CAMPEN UND MÜLL LIEGEN LASSEN – DAS GEHT GAR NICHT!«, ...

... schrieb die Allgäuer Zeitung im Feriensommer des Deutschland-Wiederentdeckens in ihrem Ratgeberartikel »Schrecksee 2020: Was Sie an diesem magischen Bergsee im Allgäu auf keinen Fall tun sollten«. Campen und den Müll mitnehmen geht allerdings auch nicht, denn jegliches Campieren und Biwakieren ist im Naturschutzgebiet Allgäuer Alpen strengstens untersagt. Immer wieder werden illegal Übernachtende erwischt und mit stattlichen Bußgeldern bestraft. Vornehmlich junge Menschen haben den See irgendwann als Partylocation entdeckt und treiben die Zerstörung dieses Idylls voran, trotz der 2019 installierten Kamera, deren genauen Standort nur die Verantwortlichen der Gemeinde Bad Hindelang kennen. Da werden Holzpflöcke herausgerissen und verbrannt, wird auf die Wiesen defäkiert, und einmal sollen die Wildcamper sogar eine Milchkuh aus der nahegelegenen Alpe gemolken haben.

Höchste Instagramability: Die Schreckseeinsel hoch oben in den Allgäuer Alpen.

Wer einmal einen Zeh in den 1813 Meter hoch gelegenen See getippt hat, mag kaum glauben, dass manche Leute freiwillig zum Baden hineinspringen, was zwar gestattet ist, jedoch nicht dazu einladen sollte, sich in dem türkisfarbenen Gewässer mit Shampoo und Duschgel einzuschäumen. Überhaupt verwundert es, dass derart viele Feierlustige den nicht eben unbeschwerlichen Aufstieg zum neuntschönsten Bergsee der Alpen (bergwelten.de) auf sich nehmen. »Es ist nicht zu fassen, aber es gibt junge Belgier, die fahren 800 Kilometer weit nach Bad Hindelang und quälen sich dann den Berg hinauf, nur um eine Nacht lang am Schrecksee Party zu machen«, klagte Gebietsbetreuer Henning Werth 2018 der Süddeutschen Zeitung.

BIS ZU DER INSEL MITTEN IM SCHRECKSEE ZU SCHWIMMEN, ...

... wagen indes nur die Allerwenigsten, weswegen sie noch einigermaßen unberührt geblieben ist – von der sattgrünen Vegetation legen Tausende Instagramfotos mit dem Hashtag #schrecksee Zeugnis ab. Womöglich befindet sich auf ihr die ominöse Überwachungskamera! Dass die Insel keinen Namen hat, mag daran liegen, dass sie noch relativ jung ist. Mitte des 20. Jahrhunderts wurde der Schrecksee zum Zweck der Energiegewinnung aufgestaut, sodass die ursprüngliche Halbinsel zum Teil überschwemmt wurde und als Insel dem Schrecksee ein markantes Alleinstellungsmerkmal verlieh (natürliche Bergseeinseln sind äußerst selten).

EINE BEDEUTSAME JAHRESZAHL IN DER GESCHICHTE DES SEES, ...

... der zeitweise auch als Wildsee, Schröck(en)see oder T(h)iersee bekannt war, ist 1751. In diesem Jahr wurde er vom Verwalter der Hofmark Mariastein an den namensgebenden Baumann zu Schreck in der Tierse verkauft. Mit Schrecken hat der See also nichts zu tun, auch wenn mindestens zwei der inflationären Regionalkrimis dort spielen; das Cover des einen zeigt eine Hand, die vor dem friedlichen Gewässer im Hintergrund ein blutverschmiertes Messer hält. In der Realität sind bis jetzt keine über umweltbezogene Ordnungswidrigkeiten oder Rinderbelästigung hinausgehende Schandtaten bekannt geworden. Auch von erwischten Tätern, die sich der deutschen Strafverfolgung zu entziehen versuchen, hat man noch nichts gehört, obwohl das naheläge – die Grenze zu Österreich ist nur wenige Hundert Meter entfernt.

Namenlose Insel im Schrecksee

Eskapisten

Diven im Salzkammergut

Namenlose Insel | Attersee, Salzkammergut
Litzlberg, Oberösterreich | 6.000 m²

47° 55' 58,3" N
13° 33' 30" O

Es wäre so einfach, über den Steg zu diesem Sehnsuchtsort zu gelangen, nur ist er nun einmal Privateigentum.

DIE INSEL SELBST TRÄGT HEUTE KEINEN OFFIZIELLEN NAMEN.

Der Einfachheit halber spricht man von der Insel Litzlberg, mit Verweis auf den Ort, zu dem sie gehört und der nach dem Schloss auf der Insel benannt ist. »Litzlinsel« könnte man sie nennen, analog zur Litzl-, vormals Lützelburg, denn klein (»lütt«, wie man im Norden Deutschlands sagt) ist das bescheidene Eiland allemal.

Gustav Klimt jedenfalls nannte sie schlicht »Insel im Attersee«, als er sie um 1901 auf Leinwand bannte. Über zwei Jahrzehnte hinweg verbrachte der Wiener Jugendstilmaler mit seiner Geliebten und deren Familie die Sommerfrische in den Seegemeinden Litzlberg und Kammer. Ob er das ein mal ein Meter große Ölgemälde, auf dem das titelgebende Objekt sich scheu in der rechten oberen Ecke zeigt, oder nur die Skizzen dazu auf einem Bötchen schuf, auf jeden Fall ließ er sich gern damit über den See treiben.

Nicht nur Klimt bewunderte die einzige Insel im größten vollständig in Österreich liegenden See. Die Schauspielerin und k.-u.-k.-Berühmtheit Charlotte Wolter war hier ebenso zu Gast wie Gustav Mahler, nicht jedoch eine Frau, die an der Wiener Hofoper als Superstar gefeiert wurde, während Mahler deren Direktor war: Marie Renard, kaiserliche Kammersängerin, die nach ihrem letzten Auftritt im Jahr 1900, in ihrer Paraderolle als Carmen, unter einstündigem Applaus mehr als 150-mal vor den Vorhang gerufen worden sein soll. Dass »die Renard« nie auf der Insel war, ist deswegen zu erwähnen, weil Schloss Litzlberg ihretwegen über-

Am Nordwestufer des lang nach Süden gezogenen Attersees liegt die Insel von Schloss Litzlberg.

haupt erst seine heutige Gestalt erhalten hat. Der Neubau im Stil des Historismus wurde ab 1896 von Marie Renards obsessivstem Verehrer in Auftrag gegeben: Der Bankier Eduard Springer, trotz Namensgleichheit kein Mitglied der österreichischen Bankiersfamilie Springer, aber immerhin alter Spezi von Erzherzog Ferdinand Maximilian, dem Kaiser von Mexiko, hatte sich offenbar in den Kopf gesetzt, dass die Primadonna mit ihm zusammen im Attersee alt werden solle, und setzte einen Teil seines Erbes dafür ein, auf der Insel das Liebesschlösschen hochzuziehen. Ob die 1939 verstorbene Opernsängerin je von ihrem »Glück« erfuhr, ob sie je offiziell eingeladen wurde, ist nicht überliefert. Eduard Springer lebte bis zu seinem Tod 1916 auf Litzlberg, betrieb im großen Stil Fischfang und -zucht und engagierte sich im Gemeindeleben. Zwei Monate bevor er starb, veräußerte er das Anwesen an den Stahlindustriellen Erwin Böhler, dessen Nachfahren die bald sogenannte Böhlerinsel bis 1974 hielten. Dann gingen Insel und Schloss in den Besitz der Familie Leitl über, zu der u.a. der Europapolitiker und ehemalige Präsident der Wirtschaftskammer Österreichs Christoph Leitl gehört. So ist es geblieben, und das private Eiland darf von Neugierigen nicht betreten werden.

DABEI WAR ES IN DER VERGANGENHEIT NICHT LÜCKENLOS IN PRIVATBESITZ.

Als das alte, erstmals im 14. Jahrhundert erwähnte und 1616 ausgebaute Schloss Ende des 18. Jahrhunderts abgetragen wurde, schien sich lange kein Mensch für die Insel zu interessieren, und Seevögel machten sich breit, bevor die Lietzelberg-Insel, so eine weitere zeitgenössische Schreibweise, zum Forschungsobjekt wurde. Archäologische Funde aus der Keltenzeit sowie römische Hinterlassenschaften wurden ausgegraben, und wie im ganzen Bereich des Sees stieß man auf zahlreiche Reste von Pfahlbauten. In prähistorischem Licht wirkt der 1907 angelegte Steg besonders passend. Er ist der einzige trockene Weg zum Land und verbindet die Insel mit dem Gelände des Segelklubs im Norden. Zum Segeln und Surfen herrschen auf dem Attersee exzellente Windbedingungen, und Bootssport aller Art erfreut sich größter Beliebtheit. Der 1886 gegründete Union-Yacht-Club Attersee ist der älteste und größte vor Ort. Im traurigsten Kapitel seiner Geschichte diente das Klubgelände am Westufer als Stützpunkt der Kriegsmarine, die nach dem »Anschluss« Österreichs ans Deutsche Reich 1938 auf dem See regelmäßig Kampfübungen durchführte. Da war Gustav Klimt bereits 20 Jahre tot.

Zum 150. Geburtstag des Malers wurde am Nordostufer ein Informationszentrum eröffnet, aber bereits 2003 war der fantastische Gustav-Klimt-Themenweg angelegt worden, auf dem man durch Stelen Motive des Künstlers mit dessen Blick entdecken kann. Unweit des Klimt-Zentrums steht übrigens ein weiteres prominentes Wasserschloss, das Schloss Kammer, das dem Attersee sogar den Alternativnamen »Kammersee« eingebracht hat und ebenfalls von Klimt verewigt wurde. Auch Schloss Kammer befindet sich in Privatbesitz. Die wohl glamouröseste Bewohnerin war ab 1925 die Schauspielerin und Kunstsammlerin Eleonora von Mendelssohn, deren turbulente Biografie ein eigenes Kapitel wert wäre. Marie Renard hätte sich blendend mit ihr verstanden.

Gustav Klimt, Litzlberg am Attersee, 1914/1915.

Eskapisten

Von Villach nach Klein-Österreich

Faaker-See-Insel Faaker See
Kärnten (Österreich) 80.400 m²

46° 34' 31" N
13° 55' 23" O

Definitiv ein Grund, sich einmal auf dem Inselhotel einzumieten: der freie Zugang zu den schönsten Plätzen auf der Insel.

BEVOR DER VILLACHER EHRENBÜRGER KARL GHON …

… (1835–1919) recht erfolgreich in die Politik ging – er saß unter anderem sechs Legislaturperioden im Kärntner Landtag –, war er als Kaufmann und Fabrikant tätig, beispielsweise stellte er Kaffee aus Feigen her. Außerdem war der Onkel des berühmten Tuberkuloseforschers Anton Ghon ein passionierter Heimatkundler. Als solcher kam er im Jahr 1877 an den Faaker See. An der Insel darin hatte er etwas auszusetzen: »Der Besuch der Faaker-See-Insel, die Eigenthum des Fürsten Friedrich Liechtenstein ist, wird leider häufig erschwert, da am See wenig Boote zur Verfügung der Touristen stehen. Fremde mögen demnach wegen der Uebersetzung auf die Insel sich beim Bauern in Drobolach erkundigen, oder am nördlichen Ufer, knapp am See, mit lauter Stimme die Bewohner der Insel rufen, die dann alsbald mit einem solid gebauten Boote herbeifahren.«

Eineinhalb Jahrhunderte später muss man sich nicht mehr die Lunge aus dem Leibe schreien, möchte man auf die Insel gelangen. Bei Bedarf kann ein Wassertaxi rund um die Uhr telefonisch bestellt werden. Es ist das einzige motorisierte Fahrzeug, das auf dem Gewässer – einschließlich der autofreien Insel – zugelassen ist. Es gehört zu dem auf der Insel befindlichen Vier-Sterne-Sommerhotel, dem einzigen Inselhotel Österreichs, der Shuttleservice ist für Gäste

Kärntner Seen neigen dazu, lang gezogen und schmal zu sein. Nicht so der runde Faaker See zwischen Villach und Klagenfurt.

kostenfrei. Wer nicht in einem der 32 Zimmer übernachten möchte, kann einfach nur auf einen Kaffee oder für einen Waldspaziergang auf die Insel kommen – übrigens auch per Tret-, Paddelboot oder sonstwie schwimmend – oder lässt bei einem (reservierungspflichtigen) »Insel-Tag« mit Strandliege, Picknicksackerl und historischem Badehaus Sommerfrische-Feeling wie zu Kaisers Zeiten aufleben. Tatsächlich war das Eiland, auf dem 1906 das Hotel »Wilhelm Schwelle« entstand, lange Zeit im Besitz von Aristokraten wie den Grafen Orsini-Rosenberg und angeblich nur Adeligen zugänglich.

DOCH GIBT ES AUCH BERICHTE NICHTADLIGER BESUCHER, …

… die sich zum reinen Vergnügen herüberschiffen lassen durften, als die Fürsten von Liechtenstein hier residierten, jagten, fischten und in kleinem Rahmen Landwirtschaft betrieben. 10 Kronen kostete die Überfahrt damals, vor der Erfindung des Wassertaxis, und in einem Försterhaus konnte eingekehrt werden, der Strand lud zum Entspannen, das Wasser zum Erfrischen ein. Die erwähnte Badehütte war allerdings schon in der Mitte des 19. Jahrhunderts dem Verfall ausgeliefert. Dem Klagenfurter Schriftsteller Rudolf Waizer ist die Überlieferung einer poetischen Kostbarkeit zu verdanken, die jemand auf einer Bretterwand des Badehäuschens hinterlassen hatte, um auf den touristischen Nachholbedarf hinzuweisen:

»O wüßtest Du, Fürst Lichtenstein,
Wie hier lustig ist zu baden!
Du würdest ungesäumt –
Eine neue Hütte lassen machen – von Laden.«

Wer immer jener »von Laden« war, den Fürsten von Liechtenstein, die See und Insel 1831 erworben hatten, konnte es egal sein, als sie das potenziell erstklassige Fremdenverkehrsziel im Jahr 1918 abstießen. War weiter oben schon vom Onkel einer Berühmtheit die Rede, so war dies keine unnütze Zusatzinformation, sondern ein weiterer kleiner Beweis für die Allgegenwart von Gevatter Zufall. Der neue Besitzer war nämlich ebenfalls Onkel eines berühmten Neffen: des Philosophen Ludwig Wittgenstein. Er trug sogar denselben Namen, weswegen man mit der wahrheitsgemäßen Aussage »Diese Insel hat mal Ludwig Wittgenstein gehört« für erstaunte Mienen sorgen kann. Ob der Verfasser des »Tractatus logico-philosophicus« jemals auf der Faaker-See-Insel war, ist nicht verbürgt. Der hielt sich ohnehin lieber weiter nördlich auf: An einem steilen Hang am norwegischen See Eidsvatnet ließ er sich 1914 eine Hütte errichten. »Lille Østerrike«, Klein-Österreich, nannten die Einheimischen den schwer erreichbaren Rückzugsort. Aber eine Insel kann der Eidsvatnet im Gegensatz zum Faaker See nicht bieten.

WITTGENSTEIN SENIOR FÜR SEINEN TEIL …

… blieb kinderlos und vermachte die Insel seiner Adoptivtochter, deren Nachfahren noch heute die Besitzer sind.

Eskapisten

Vertreibung aus dem Paradies

St. Petersinsel | Bielersee
Kanton Bern | 1.760.000 m²

47° 4' 15" N
7° 8' 33" O

Die Frage, ob Insel oder Halbinsel, ist für die Vergnügungsschifffahrt allein aus strategischen Gründen nur mit »Insel« zu beantworten.

EINE GEOGRAFISCHE STREITFRAGE, ...

... die im Zusammenhang mit Gewässern immer wieder vorkommt: Insel oder Halbinsel? Durch sich verändernde Wasserstände ist der Übergang – Wortspiel beabsichtigt – fließend. So verhält es sich auch mit der St. Petersinsel: Von manchen als Halbinsel charakterisiert, ist sie auf modernen Karten eindeutig als Insel zu erkennen, auch wenn der Gewässerstreifen, der sie vom Land trennt, sehr schmal und obendrein ein künstlicher Durchstich ist. Wenn das Wasser aber so hoch steigt, dass selbst der Zugangsweg überschwemmt wird, wie zuletzt beim historischen Hochwasser 2021 geschehen, zeigt die Insel ihr wahres Gesicht. »Zurück zur Natur« heißt es dann.

Diese Losung ist nicht willkürlich gewählt, denn der Mann, der oft darauf reduziert wird, hat sechseinhalb Wochen auf der St. Petersinsel verbracht: Jean-Jacques Rousseau. Der

Der Bielersee mit der St. Peters(halb)insel liegt westlich von Bern.

Naturzustand des Menschen war eines der Hauptthemen des großen Philosophen, was ihm den Spott seines Zeitgenossen Voltaire einbrachte: »Niemand hat es mit mehr Geist unternommen, uns zu Tieren zu machen«. Voltaire und Rousseau: Dass diese französischen Triebkräfte der Aufklärung in Europa, zwei der klügsten Köpfe des 18. Jahrhunderts, sich verbissen konträr gegenüberstanden – stark vereinfacht heruntergebrochen: barbarische Natur vs. gute Natur –, hat sich so fest ins kulturelle Gedächtnis eingebrannt, dass man gern die Gemeinsamkeiten vergisst. Nicht nur, dass die sterblichen Überreste beider Herren heute nah beieinander liegen (dazu später mehr), beide trugen auf ihre Art zur Revolution bei, und nicht zuletzt hatten beide unter Zensur und Strafverfolgung zu leiden. Nachdem schon Rousseaus Abhandlung »Vom Gesellschaftsvertrag oder Prinzipien des Staatsrechtes« verboten worden war, brachte sein Roman »Émile« das Fass zum Überlaufen. Kurz nach seinem Erscheinen 1762 ließ das Pariser Parlament das Buch verbieten, es wurde beschlagnahmt und verbrannt, gegen den Autor wurde Haftbefehl erlassen. Rousseau floh aus Frankreich, tauchte in der Schweiz unter und landete im September 1765 auf der Insel im Bielersee. Hier wurde der Persona non grata von Friedrich dem Großen, der offenbar ein Bewunderer Rousseaus war, das Bürgerrecht verliehen. Denn der angrenzende Kanton Neuchâtel bzw. das Fürstentum Neuenburg unterstand damals dem König von Preußen. Aber es nützte nichts: Der Flüchtige wurde schon im Oktober von Berner Adligen aufgespürt und vertrieben. Über Basel, Straßburg und Paris (dank eines Passes unbehelligt) ging er nach England ins Asyl. Am Ende seines Lebens folgte er einer Einladung nach Ermenonville nordöstlich von Paris. Hier hauchte er seinen Lebensatem aus, einen Monat später als sein alter Widersacher Voltaire, und fand im Schlosspark seine vorletzte Ruhestätte auf einer anderen Binneninsel: der Pappelinsel. Als Reverenz daran wurden in ganz Europa, u.a. im Berliner Tiergarten und im Wörlitzer Park, »Rousseau-Inseln« als Scheinfriedhöfe angelegt. Es dauerte mehr als 16 Jahre, bis Rousseaus Leichnam schließlich ins Pariser Panthéon überführt wurde, wo er heute unweit von Voltaire ruht.

So kurz sein Aufenthalt auf der »Isle de la Motte«, so der Neuenburger Name der Petersinsel, auch war, der Denker verlebte hier nach eigenen Angaben die glücklichsten Tage seines Lebens. Er lernte das *dolce far niente*, das süße Nichtstun, kennen und spielte mit dem Gedanken, sich gänzlich aus dem Literaturbetrieb zurückzuziehen, streifte lieber mit der Lupe in der Hand durch die örtliche Vegetation und begann mit dem Verfassen seines pflanzenkundlichen Werkes »Flora Petrinsularis«. Mit dem Wichtigsten wurde er vom Inselpächter – dem Schaffner, wie man in Bern sagt – und dessen Frau versorgt, mit einem geliehenen Ruderboot erkundete er den See und fand wahrhaftig »zurück zur Natur«.

250 Jahre später kann man es ihm nachtun, am besten mit einer Ausgabe seiner »Träumereien eines einsamen Spaziergängers« im Gepäck und mit einem Zwischenstopp an der Rousseau-Büste am Ufer. Mutterseelenallein wird man den Wanderweg über die Insel freilich kaum beschreiten, denn als Ausflugsziel ist ihre Beliebtheit ungebrochen. Früher, beispielsweise als Goethe hierherkam, musste man mit dem Boot übersetzen. Zeitgenössische Malereien zeigen eine kleinere, weit im See liegende Insel. Erst eine Gewässerkorrektur Ende des 19. Jahrhunderts sorgte nämlich dafür, dass sie (fast) mit dem Festland verbunden ist. Die höchste Erhebung auf der im Normalfall trockenliegenden Landzunge war vor der Wasserabsenkung eine zweite Insel. Deren noch heute gebräuchlicher Name Kanincheninsel (in lokaler Zunge »Chüngeliinsel«) kommt von den dort herumhoppelnden Wildkaninchen, von denen es lange hieß, Rousseau habe sie ausgesetzt.

DER ÄLTESTE BELEG FÜR DIE NAMENSHERKUNFT ...

... der St. Petersinsel datiert auf das Jahr 957, als hier eine Petrus geweihte Kapelle stand. Schon viel früher hatten die Römer auf dem Eiland Gebäude errichtet, die ihnen womöglich als Kultstätte dienten. Und auch mit den alten Kelten ist die Gegend eng verbunden. Die Gemeinde La Tène zwischen dem Bielersee und dem Neuenburger See im Südwesten ist Namensgeberin der eisenzeitlichen Latènekultur. Später waren die Grafen von Burgund hier ansässig. Sie schenkten die Insel 1107 dem Orden von Cluny, der 20 Jahre später ein kleines Kloster errichtete und die Kirche den Aposteln Peter und Paul weihte, womit der Name St. Petersinsel zementiert war. 1530 ging die Insel in den Besitz des Berner Burgerspitals (heute: Burgerspittel) über, inklusive des Rebgutes, das seinerseits eine lange, vermutlich auf die römische Zeit zurückreichende Tradition hat. Für die Kelterung des Inselweins ist die Stadt Bern zuständig.

Aus dem Klostergebäude ging das 2010 als »historisches Hotel des Jahres« ausgezeichnete Klosterhotel hervor, das gern für Hochzeiten gebucht wird. Neben 13 Zimmern gibt es auch ein Restaurant, dessen letzter Betriebstag im Herbst meistens auf den Jahrestag der Vertreibung Rousseaus fällt.

Eskapisten

Wo der Krug zerbrach

Kleist-Inseli · Aare
Thun, Kanton Bern · 7.124 m²

47° 52' 6" N
12° 24' 59" O

DIESE FRAGE WÄRE IN DER DEUTSCHEN AUSGABE VON »WER WIRD MILLIONÄR?« …

… wohl mindestens 125.000 Euro (oder drei Abendessen in einem Schweizer Restaurant) wert: Wie heißt der größte vollständig in einem einzigen Kanton liegende See der Schweiz? Die Antwort: Thunersee, ein 48,4 km² großer Fjordsee im Kanton Bern.

Der Thunersee ist ein malerisches, von Dampfschiffen befahrenes Gewässer zwischen Weinhängen und Alpenpanoramen, umgeben von einem 63 Kilometer langen Rundweg. In Ufernähe befinden sich das begehbare St.-Beatus-Tropfsteinhöhlensystem, die mindestens 600 Jahre alte Bettlereiche und die schwindelerregende Panoramabrücke Sigriswil. Auf seinem Grund: ein explosives Geheimnis. Von 1948 bis in die 1960er-Jahre hinein versenkte die Eidgenössische Armee massenweise Altmunition in mehreren Seen des Landes. Die meiste, rund 4600 Tonnen, landete im Thunersee. Man war zu dem Schluss gekommen, dass dies die sicherste Möglichkeit sei, ausgemusterte oder fehlerhafte Geschosse sowie Blindgänger, ja sogar alte Waffen zu entsorgen, auch Privatkonzerne haben diese Möglichkeit der Munitionsentledigung schon genutzt.

Wer vom Thunersee spricht, darf von der Aare nicht schweigen, als längster vollständig in der Schweiz fließender Fluss ein weiterer Rekordhalter. Ein kleines Stück oberhalb des Sees, wo die Aare ein kleines Becken, das Aarebecken, bildet, liegt nahe dem Bahnhof der Stadt Thun eine Insel, deren alter Name »Scherzliginsel« auf modernen Karten gar nicht mehr erscheint. Die sogenannte Obers Inseli wurde anlässlich des 200. Todestages ihres berühmtesten Bewohners 2011 offiziell umbenannt: in »Kleist-Inseli«. Kleist? Warum? Aus einem Brief des deutschen Dichters an seine Schwester Ulrike vom 1. Mai 1802 erfahren wir Details. Der damals erst 24-jährige Heinrich von Kleist hat für sechs Monate ein »kleines Häuschen an der Spitze« der Insel gemietet, »das wegen seiner Entlegenheit sehr wohlfeil war«. Bis auf eine kleine, am entgegengesetzten Ende der Insel

Die Aare durchfließt auf ihrem Weg nach Bern den Thunersee, um am Kleist-Inseli Thun wieder in ihr Flussbett zu finden.

lebende Fischerfamilie ist er hier ganz für sich allein. Mit dieser Familie war er immerhin schon unterwegs, und eine der Töchter wurde ihm sogar als Haushaltshilfe gestellt, »ein freundlich-liebliches Mädchen, das sich ausnimmt wie ihr Taufname, Mädeli. Mit der Sonne stehen wir auf, sie pflanzt mir Blumen in den Garten, bereitet mir die Küche, während ich arbeite; dann essen wir zusammen.« Ursprünglich hatte Kleist vorgehabt, in seiner vorübergehenden Wahlheimat Bauer zu werden. Das zumindest hatte er von seiner vorherigen Station Paris aus seiner Verlobten Wilhelmine von Zenge offenbart, die von diesem Lebensentwurf jedoch ganz und gar nicht begeistert war, sodass die Beziehung in die Brüche ging und die Verlobung postalisch annulliert wurde. Mit dem Leben als Landwirt wurde es dann auch nichts – da hatte sich Kleist wohl ein wenig zu sehr in die romantischen Ideale des von ihm verehrten Jean-Jacques Rousseau hineingesteigert, der schließlich auf einer anderen Schweizer Binneninsel, der **St. Petersinsel** (S. 180) im Bielersee, sein Glück gefunden hatte.

WENN HEINRICH NICHT DIE WUNDERBARE BERNER NATUR DURCHSTREIFTE –

… wobei seine behauptete Besteigung des Schreckhorns an nur einem Vormittag stark anzuzweifeln ist –, war er schriftstellerisch äußerst produktiv. Nicht nur sein Debut »Die Familie Schroffenstein«, sondern auch sein berühmtestes Drama »Der zerbrochne Krug« entstand auf der Scherzliginsel. Mit dem Stück »Robert Guiskard, Herzog der Normänner« war er offenbar weniger zufrieden, er soll die Urfassung später in Paris verbrannt haben. Nach seinem Inselintermezzo kehrte Heinrich von Kleist – erkrankt von seiner Schwester abgeholt – in seine Heimat zurück. Das literaturgeschichtlich bedeutsame Häuschen existiert seit 1940 nicht mehr, die Insel ist in Privatbesitz. Nur zu seltenen Anlässen gibt es Führungen. Auf dem Scherzligweg, kurz vor der Brücke auf die Insel, steht seit 1983 ein Bronzedenkmal des Dichters, von hier aus kann man den Genius loci erahnen. Würde der stets vom Krieg faszinierte Kleist in die Gegenwart katapultiert und erführe von der Munition auf dem Grund des Thunersees oder davon, dass die Stadt den größten Waffenplatz der Schweiz beheimatet – er würde sich vor Begeisterung glatt ein zweites Mal hier niederlassen.

Eskapisten

Eine Baronessa unter Palmen

Isole di Brissago | Lago Maggiore
Tessin | insg. 33.754 m²

46° 8' N
8° 44' O

Der Wunschtraum für jeden Robinson-im-Herzen, der Wert auf gewisse Annehmlichkeiten legt: die Isole de Brissago.

SIE GEHÖREN ZUSAMMEN WIE HERREN- UND FRAUENCHIEMSEE ...

... und werden deshalb hier – wie Italienischkundige bereits erkannt haben dürften – im Plural angeführt: Die Isole di Brissago sind ein Inselpaar im Schweizer Teil des Lago Maggiore, 3,5 Kilometer vom Kurort Ascona entfernt, und setzen sich aus der circa 2,5 Hektar großen Hauptinsel San Pancrazio und der 8186 Quadratmeter fassenden Isola di Sant'Apollinare zusammen. Erstere wird von den meisten vereinfachend Isola Grande (»Große Insel«) genannt, Zweitere Isola Piccola oder Isolino (»Kleine Insel«, »Inselchen«). Außerdem hat sich der Name »Kanincheninsel« (Isola di Conigli) für das Isolino bis in die Gegenwart gehalten, auf älteren Karten werden bisweilen beide Inseln so bezeichnet, wohl wegen der früheren enormen Karnickelpopulation. Das »Inselchen« wird heute wieder der Natur überlassen, Betreten ist verboten. Die Große Insel hingegen ist seit 1949 für die Öffentlichkeit geöffnet und kann nicht nur per Fähre oder eigenem Boot erreicht werden, sondern bietet auch Übernachtungsmöglichkeiten in zehn Zimmern der Villa Emden. Für einen Besuch von San Pancrazio gibt es mehr als 1700 Gründe. So viele Pflanzenarten bevölkern den Botanischen Garten, dessen Ursprünge auf das Ende des 19. Jahrhunderts zurückgehen.

In seiner V. »Ode an Irene« aus dem Lyrikband »Dreiklang« von 1919 schreibt der in Niederschlesien geborene und in Davos verstorbene Dichter Klabund (1890-1928) diese Zeilen:

Die Ziele der Lago-Maggiore-Schifffahrt lesen sich wie eine Aneinanderreihung von Versprechungen.

*»Du wandelst unter den Palmen, Silberkind.
Bananenstrauch begrenzte den Blütenweg.
Schon spannt Magnolienbaum den Himmel seiner
Rötlichen Sterne.*

*Schlingt nicht der See als silberner Gürtel sich
Um deine Kinderschlankheit? Sind Zypressen,
Die dunklen Schwestern, dir nicht zugetan im
Hain von Brissago?«*

Die Brissago-Inseln, benannt nach der gleichnamigen, rund 2,5 Kilometer entfernten Gemeinde, der sie angehören, waren also schon vor gut 100 Jahren für ihre üppige mediterrane und subtropische Vegetation berühmt. Der leicht verstörende Vergleich in Klabunds Roman »Franziskus«, den der Schweizkenner 1916 u.a. in Locarno verfasste, will nicht so recht zu diesem Bild passen: »Die Inseln von Brissago schwimmen wie tote Wasserkäfer – mit dem Bauch nach oben«. Dass sich hier Gewächse aus fünf Kontinenten ebenso wohlfühlen wie die Sumpfschildkröten in ihrem Teich, verdankt sich dem milden Mikroklima mit nur zwei Frosttagen im Jahr.

Die älteste und mit 32 Metern höchste Pflanze der Isola Grande, ein australischer Eukalyptus-Baum, steht seit der Anfangszeit des Parks in dessen Zentrum, einer Zeit, die eng mit einer illustren Person verbunden ist: Antoinette de Saint Léger. 1856 als Antonietta Bayer in St. Petersburg geboren – gerüchteweise als uneheliche Tochter von Zar

Alexander II. –, erwarb sie 1885 gemeinsam mit ihrem dritten Ehemann, einem botanisch interessierten irischen Offizier, dank dem sie (möglicherweise zu Unrecht) den Titel der Baronin erlangt hatte, die Insel nebst Anhang und begann sie peu à peu in ein blühendes Wunderland zu transformieren.

Bis dahin waren die Inseln zwar recht schroff und felsig (Humus musste erst herangeschifft werden), aber keineswegs menschenfeindlich und immer wieder besiedelt. In römischer Zeit stand auf der Großen Insel ein Venus-Tempel, auch den Grabstein einer Römerin hat man hier gefunden. Im 13. Jahrhundert entstanden auf der Kleinen Insel die St.-Apollinaris-Kirche und auf der Großen ein Kloster des Humiliaten-Ordens, das allerdings 1574 von Papst Pius V. aufgelöst wurde, nachdem ein Kardinal auf Kontrollbesuch »Degenerierung und Entfernung von der christlichen Botschaft« festgestellt hatte. Im Zweiten Koalitionskrieg (1799-1801) machten Soldaten des russischen Generals Suworow auf dem Feldzug gegen Napoleon auf der Isola Granda halt. Und ab 1875 wurde hier für den Bau des Gotthardtunnels benötigtes Nitroglycerin gelagert, nachdem die Dynamitfabrik in Ascona zum zweiten Mal in die Luft geflogen war.

ZURÜCK ZU ANTOINETTE:

Nicht nur für Natur, sondern auch für Kultur konnte sich die Liszt-Schülerin, die sich schon in Neapel und Mailand aufgehalten hatte, zeit ihres Lebens erwärmen. Auf ihre Insel lud sie Komponisten, bildende Künstler und Schriftsteller wie Rilke und Joyce ein. Zudem pflegte sie rege Korrespondenz, schrieb 60 heute verschollene Tagebücher voll und liebte es, pompöse Feiern auszurichten. Ihrem Gatten wurde das irgendwann zu viel, er verließ das Eiland 1897. Dreißig Jahre später musste sich auch Saint Léger zurückziehen. Sie war ruiniert und konnte sich auch nicht mit dem Verkauf der kunstvollen Puppen, die sie in ihrem Keller fabrizierte, retten, nachdem sie in riskante Verkehrsprojekte investiert hatte und es mit ihrer notorischen Prozesshanselei zu weit getrieben hatte; so versuchte sie der Gemeinde Ronco sopra Ascona die Fischerei in der Nähe ihrer Inseln untersagen. Beinahe hätte sie zur Finanzierung eines Rechtsstreits sogar ihr Lieblingsgemälde verpfändet, das Portrait, das der italienische Maler Daniele Ranzoni 1896 von ihr angefertigt hatte. Sie nahm es mitsamt ihrem verbliebenen Hab und Gut in ihren bescheidenen neuen Wohnsitz mit, den ihr der neue Inseleigner verschafft hatte.

Bei diesem handelte es sich um einen nicht weniger schillernden Zeitgenossen, nämlich den jüdischen Hamburger Kaufhaus-Mogul, Kunstsammler und Mäzen Max Emden. Mit Anfang 50 hatte er sich das Tessiner Paradies als Ruhesitz auserkoren. Wie seine Vorgängerin liebte er prickelnde Gesellschaft, zu seinen Gästen zählten Erich Maria Remarque und der Aga Khan, vor allem aber unzählige, meist jüngere Damen. Das Haus der Baronin ersetzte er durch einen Palazzo im Florentiner Stil, die heutige Villa Emden, im Osten realisierte er ein römisches Bad, und der Gartenpracht ließ er freien Lauf. Doch die Periode der Sorglosigkeit währte keine zehn Jahre. Obwohl Emden seit 1934 Schweizer Staatsbürger war, fielen seine Immobilien in Nazi-Deutschland »Arisierung« und Zwangsverkäufen zum Opfer. Der einstige Millionär Emden sah sein Vermögen zerrinnen, entwickelte psychische Probleme, sah sich genötigt, etliche seiner Kunstwerke unter Wert zu verkaufen, von denen mindestens eins zynischerweise in Adolf Hitlers Privatsammlung landete. Zwei Canalettos immerhin wurden 2019 als Fluchtkunst anerkannt und an Emdens Nachfahren restituiert.

Auch für das Ranzoni-Bild »La Principessa di Saint Leger« gab es schließlich noch eine glückliche Heimkehr, als es 2017 – genau 90 Jahre nach dem Wegzug der Baronin – für eine Sonderausstellung auf die Isola Grande gebracht wurde. Antoinette de Saint Léger, die 1948 verarmt in einem Altenheim eingeschlafen war, hätte sich gefreut, auch über das, was aus ihrem Garten Eden geworden ist. Seit 2020 gehören die Inseln vollständig dem Kanton, der an einer touristischen Neuausrichtung feilt – seit der Wirtschaftskrise 2008 waren die Touristenzahlen kontinuierlich gesunken.

Botanische und künstlerische Reize im Botanischen Garten der Inseln.

AUTORENVITA

Torsten Gaitzsch

geboren 1981, studierte in Dresden Sprachwissenschaften, ...

... bevor er 2011 Redakteur des Satiremagazins Titanic wurde. Er lebt in Frankfurt am Main und schreibt nebenbei u.a. für die Taz und für "Zeit online". Zu seinen Buchveröffentlichungen zählen die Enthüllungsparodie "Akte D" (2017, mit Sebastian Klug) sowie das Kreuzworträtsel-Referenzwerk "Trepang ist eine Seegurke" (2020)

PERSONEN- UND ORTSREGISTER

A
Aare 184
Abrantès, Laure-Adelaide 24
Adam von Bremen 74
Adam, Karl 48
Adenauer, Konrad 11
Allgäu 168
Ammersee 160
Amtssee 76
Andersen, Hans Christian 53
Ascona 187
Attersee 172
Aurolzmünster 32

B
Barlach, Ernst 48
Baumwerder 119
Benedikt XVI. 31
Bielersee 180
Blücher, Gebhard Leberecht 19
Bodensee 38
Bolle, Carl 120
Braumann-Honsell, Lilly 40
Bremen 64, 108
Bremerhaven 108
Burg Gutenfels 20

C/D/E
Cabrera 66
Camphausen, Wilhelm 19
Campus Galli 39
Carus, Carl Gustav 94
Chiemsee 164
Chorin 76
Corinth, Lovis 98
Crome, John 44
de Beauharnais, Stéphanie Louise Adrienne 23
de Saint Léger, Antoinette 187
Dominikanerinsel 24
Dominsel 46
Duve, Johann 116
Eduard III 16
Ehrenfels 12
Eibsee 138
Elbe 56, 92, 148, 102
Elbinsel Pillnitz 92
Emden, Max 188

F/G/H
Faaker See 176
Falkenau 18
Faseninsel 131
Freudenheimer Insel 23
Fontane, Theodor 78
Frankfurt am Main 126
Friedrich, Caspar David 44
Fulda 152
Garmisch-Partenkirchen 139
Gauernitzer Insel 94
Gauger, Martin 123
Genfersee 42
Genscher, Hans-Dietrich 82
Gerichtsinsel 122
Ghon, Anton 177
Ghon, Karl 177
Giesecke, Ida 48
Gnitz 69
Görges, Wilhelm 154
Görmitz 68
Halle an der Saale 80
Hallein 143
Hamburg 56
Hanfwerder 44, 54, 72
Hann. Münden 152
Hannover 114
Harms-Lipski, Ilse 48
Hatto II. 12
Havel 119
Henschel, Gerhard 15
Herren- und Fraueninsel 77, 165
Hölderlin, Friedrich 157
Hollener See 62
Hugo, Victor 19
Humboldt, A. und W. 120

I/J
Île de Peilz 42
Inn 30
Isole di Brissago 186
Jacobi, Bernhard 127
Jacobiweiher 126
Jauch, Günther 135

K
Kaltehofe 56
Kantzow, Thomas 70
Kanzem 134
Kastelruther Spatzen 150
Katzmayr, Martin 34
Kaub 18
Kietzwerder 73
Klabund 187
Kleist, Heinrich von 184
Kleist-Inseli 184
Klimt, Gustav 173
Koblenz 15
Kohl, Johann Georg 62
Kratzsch, Johann Friedrich 111
Krautinsel 164
Krautsand 102, 149

L
Lago Maggiore 186
Langlütjen II 106
Lankenauer Weserinsel 64
Leineinsel Döhren 114
Leitl, Christoph 174
Lewald, August 27
Lieps 72
Lindley, William 58
Litzlberg 173
Lord Byron 44
Lubitsch, Ernst 47
Ludwig der Bayer 16
Ludwig II von Bayern 141, 166

M
Macaire de L'Or, Jacques Louis 24
Magdeburg 148
Mahler, Gustav 173
Mainau 161
Mannheim 23
Maulbeerinsel 23, 40
Mäuseturm 10, 19, 65
Mausinsel/Wörth 33, 161
Maximilain II von Bayern 140
Maximiliansinsel 138
Mosel 130

N
Natermann, Carl 153
Neckar 23, 156
Neuchâtel 182
Neuhaus am Inn 30, 149
Niederwalddenkmal 12
Niederwerth 14
Nixeninsel 88
Nürnberg 23, 27

O/P/Q
O'Flanagan, James Roderick 16
Oldenburger Land 60
Palm Jumeirah 86
Pegnitz 27
Pehlitzwerder 77
Perner von Rettenwörth, Christoph 144
Pernerinsel 142
Pfalzgrafenstein 20
Pinthus, Kurt 47
Plauer See 54
Plöner See 52
Poppe, Franz 61
Porten, Henny 47
Prießnitz 89
Prillwitz 73
Queen-Auguste-Victoria-Park, Freiburg 24

R
Rabeninsel 80
Ranzoni, Daniele 188
Ratibor, Fürst (Ratze) 48
Ratzeburg 47
Ratzeburger See 46
Reichenau 38
Regener, Sven 116
Renard, Marie 173
Rhein 10, 16, 18
Rossendorfer Teich 88
Rousseau, J.-J. 11, 181
Rüdesheim am Rhein 11

S
Saale 80
Saar 134
Salzach 142
Salzburg 143
Sassau 96
Saterland 60
Schärding 32
Scharfenberg 118
Schengen 131
Schrecksee 168
Schütt 26
Schwedeninsel 98, 160
Schweriner See 54
Senftenberger See 84
Shelley, Mary 44
Silcher, Friedrich 158
Specht, Dr. 120
Springer, Eduard 174
St. Petersinsel 107, 180, 184
Steinkopfinsel 93, 148
Stromer, Familie 28
Sumbawa, Indonesien 43

T
Tanzwerder 152
Tegeler See 118
Thoma, Ludwig 166
Thun 184
Thunersee 184
Tollensesee 73
Tübingen 156
Turner, William 19, 44

V/W
Valentinswerder 120
Vierwaldstätter See 127
Villach 177
Voltaire 181
von Baden, Karl Ludwig Friedrich 23
von der Wahl, Franz Xaver 32
von Königsmarck, Hans Christoph 104
von Ostein, Graf Johann Friedrich Karl Maximilian 11
von Württemberg, Ferdinand Friedrich August 16
Waechter, F.K. 128
Waizer, Rudolf 178
Walchensee 96
Waldoff, Claire 119
Ward, Mary (Maria) 31
Weißebach, Peter Franz 136
Werra 152
Weser 64, 106, 110, 152
Weserdeicher Sände 110, 131
Wildermuth, Ottilie 158
Wilhelmshöhe 12
Wilkinson, Philip 39
Willigis, Erzbischof 12
Wittgenstein, Ludwig 178
Wörthsee 33
Wupper 122
Wuppertal 122

IMPRESSUM

© 2022 GRÄFE UND UNZER VERLAG GmbH,
Postfach 860366, 81630 München

MERIAN

MERIAN ist eine eingetragene Marke der
GRÄFE UND UNZER VERLAG GmbH

ISBN 978-3-8342-3301-1

1. Auflage 2022

Alle Rechte vorbehalten. Nachdruck, auch auszugsweise, sowie Verbreitung durch Film, Funk, Fernsehen und Internet, durch fotomechanische Wiedergabe, Tonträger und Datenverarbeitungssysteme jeglicher Art nur mit schriftlicher Genehmigung des Verlags.

Verlagsleitung Reise: Philip Laubach
Autor: Torsten Gaitzsch
Redaktion und Projektmanagement: Wilhelm Klemm
Lektorat: Renate Nöldeke
Layout, Umschlag und Satz: Carolin Weidemann, weidemann-DESIGN, Köln
Bildredaktion: Nafsika Mylona
Schlusskorrektur: Ulla Thomasen
Herstellung: Renate Hutt
Repro: Medienprinzen, München
Druck: Firmengruppe APPL, aprinta druck, Wemding
Bindung: Conzella, Pfarrkirchen

Ansprechpartner für den Anzeigenverkauf:
KV Kommunalverlag GmbH & Co. KG, MediaCenter München,
Tel. 089/928 09 60

Bildnachweis
Titelbild (Wörthsee): imago: P. Widmann

Wichtiger Hinweis
Die Daten und Fakten für dieses Werk wurden mit äußerster Sorgfalt recherchiert und geprüft. Wir weisen jedoch darauf hin, dass diese Angaben häufig Veränderungen unterworfen sind und inhaltliche Fehler oder Auslassungen nicht völlig auszuschließen sind, zumal zum Zeitpunkt der Drucklegung die Auswirkungen von Covid-19 auf das Hotel- und Gastgewerbe vor Ort noch nicht vollständig abzusehen waren. Für eventuelle Fehler oder Auslassungen können Gräfe und Unzer, die ADAC Camping GmbH sowie deren Mitarbeiter und die Autoren keinerlei Verpflichtung und Haftung übernehmen. Aus Gründen der besseren Lesbarkeit wird in diesem Buch bei Personenbezeichnungen das generische Maskulinum verwendet. Es gilt gleichermaßen für alle Geschlechter.

Bei Interesse an maßgeschneiderten B2B-Produkten:
roswitha.riedel@graefe-und-unzer.de

Leserservice
GRÄFE UND UNZER Verlag
Grillparzerstraße 12
81675 München
www.graefe-und-unzer.de

Umwelthinweis
Nachhaltigkeit ist uns sehr wichtig. Der Rohstoff Papier ist in der Buchproduktion hierfür von entscheidender Bedeutung. Daher ist dieses Buch auf PEFC-zertifiziertem Papier gedruckt. PEFC garantiert, dass ökologische, soziale und ökonomische Aspekte in der Verarbeitungskette unabhängig überwacht werden und lückenlos nachvollziehbar sind.

akg-images: G. Launer 84 | Bernhard Kunz/CC BY 2.0: 22 | D.Becker on Unsplash: 141 | Erell: CC BY-SA 3.0: 69 | Getty Images: A. Lammerts 25, D Editorial 173, EyeEm 145, Hulton Archive 175, imageBROKER RF 34, 96, 168, iStockphoto 37, 75, 88, 155, 156, M. Colombo 11, Westend 61 21, 97, 179, xianiar/500px 93 | HUBER IMAGES: C. Sonderegger 181, A. Serrano 188, HG Eiben 134, 137, HP Merten 13, 19, 135, R. Schmid 38, U. Siebig 31 | imago images: A. Hettrich 159, J. Ritter 121, xim.gs 52, stock&people 17, H. Blossey 72, T. Frey 14 | J. Riedel on Unsplash: 138 | Jalag: AF. Selbach 39 | laif: B. Jonkmanns 102, 105, C. Moirenc/hemis 42, D. Schwelle 119, J. Arlt 49, Keystone Schweiz 180, P. Adenis 191 | lookphotos: B. Linder 99, ClickAlps 189, H. Wohner 55 | mauritius images: D. Reiter 18, 164, E. Hess 10, EyeEm 143, G. thielmann/Alamy 33, H. Blossey 92, imageBROKER 2, 26, 46, 165, 73, 157, 114, M. Dworschak/Alamy 177, McPHOTO 61, 63, Pitopia 41, 110, 111, W. Otto 123, Zoonar GmbH/Alamy 50-51, 71 | Oliver Lück: 64, 65, 67 | picture alliance: ZB 91, 68, 148 | seasons.agency: Jalag/W. Schmitz 95 | Shutterstock: Dar1930 60, darksoul72 23, FooTToo 160, H. Pinkall 106, 109, juerginho 117, Knaufb 59, M. Winter 47, M.Krpan 45, mindscapephotos 169, MN Zastsenski 184, MS Igorevich 176, ms_pics_and_more 127, Na_Wi 183, PiRiTV 118, R. Adami 89, S. Maas 57, Traveller Martin 83, V. Rauch 126 | stock.adobe: Andreas 35, blende11.photo 115, Dmitry 131, F. Göthel 27, Fotolyse 153, h. Schmidt 103, H. Schultz 161, helmutvogler 129, IGOR 43, J. Netzker 167, Johnny 122, Kara 56, kentauros 80, L. Gieger 53, L. Kohnen 133, LianeM 87, M. F. Klein 107, M. Maroschek 142, majonit 125, MartinKarl 151, msl33 146-147, neurobite 149, p. Devanne 130, pankow 76, pwmotion 139, reimax 16 29, Robert 100-101, Roman 30, S. Ettmer 152, si2016ab 81, Simon 171, Soeren 113, spuno 77, Susann 85, T. Grellmann 78, thomas_pics 8-9, Tom H 172, Westwind 15 | Wasquewha: CC BY-SA 4.0: 163